Georg Pick
Das Herz des Philosophen

Es war ein einzigartiges Leben, zu dem Nikolaus Krebs, der Moseljunge aus Kues (geb. 1401) emporwuchs. Auf der Rückfahrt von Konstantinopel nach Venedig im Jahre 1438 ist ihm, wie Nikolaus von Kues später berichtet, angesichts der Weite des Meeres der Grundgedanke seines philosophischen Hauptwerkes „De docta ignorantia" (Von der wissenden Unwissenheit) gekommen. Unser Erkennen befindet sich demnach auf einem unendlichen Wege. Seine neue Denkmethode, sein dynamisches Denken haben mit dazu beigetragen, die Neuzeit vorzubereiten. Wie Gegensätze aufgehoben werden (Coincidentia oppositorum) wurde zum Kernstück seiner Philosophie.

Dieses Werk über den Kardinal und universellen Wissenschaftler in Theologie, Philosophie, Rechtstheorie, Mathematik und Astronomie, führt anhand der biographischen Stationen in das Cusanische Denken ein.

Die vorliegende vierte Auflage dieses Essays wurde um zwei kurze Lebensbilder über Meister Eckhart und Nikolaus Kopernikus erweitert. Ohne das religiöse Weltbild von Meister Eckhart vor ihm ist der Philosoph Nikolaus v. Kues nicht zu denken, der mit einer unvergleichlichen Hellsicht seiner Zeit vorausgedacht hat und mit seinen astronomischen Forschungen weit über Kopernikus hinausgegangen ist.

Dr. phil. Georg Pick, geboren 1892 in Straßburg, studierte Theologie, Kunstgeschichte, Psychologie und Philosophie. Er promovierte in Heidelberg bei Karl Jaspers und dem Neukantianer Heinrich Rickert. Während seiner über vierzigjährigen Tätigkeit als freireligiöser Pfarrer in Mainz war er bemüht, die gemeinsamen Linien in den Aussagen der großen religiösen Führer der Menschheit im Geiste religiöser Toleranz herauszustellen. Dies hat er auch in seinem reichen Schrifttum getan. Er starb 1972.

Georg Pick

Das Herz des Philosophen

Leben und Denken
des Kardinals
Nikolaus von Kues

4., erweiterte Auflage 2001
Mit 6 Abbildungen

R. G. Fischer Verlag

Aus dem Nachlass herausgegeben
von Siegfried Pick

Die ersten drei Auflagen dieses Werkes erschienen 1992
bis 1996 unter dem Titel:
  Nikolaus von Kues.
  Vom Moseljungen zum Kardinal und Philosophen.

Die Deutsche Bibliothek – CIP-Einheitsaufnahme
Ein Titeldatensatz für diese Publikation ist bei
Der Deutschen Bibliothek erhältlich

4., erweiterte Auflage 2001
© 2001 by R. G. Fischer Verlag
Orber Straße 30, D-60386 Frankfurt/Main
Alle Rechte vorbehalten
Schrift: Times 11˙
Herstellung: KN / NL
Printed in Germany
ISBN 3-8301-0167-8

Für Eckhart

„Ohne Liebe kann es keine wahre Gotteserkenntnis geben"

Cusanus

Inhalt

Vorwort 9

Einleitung
Über die einzigartige Hinterlassenschaft des
Philosophen Nikolaus Cusanus 11
An der Schwelle des Mittelalters zur Neuzeit 17

I Der Aufstieg
Jugendzeit 22
Förderer und Freunde 25
Mitten im Strom des Humanismus 29

II Die Bewährung
Der Staatstheoretiker und Rechtsgelehrte 34
Eine Schöpfungsstunde des neuzeitlichen
philosophischen Denkens 42

III Der Neubau der Gedanken
Philosophische Religiosität im Mittelalter 50
Das Hindrängen auf immer weitere Anpassung
des Denkens an die letzte Wirklichkeit 53
Geometrische Betrachtungen 61
Die Nähe zur deutschen Mystik 68
Ein Urvertrauen in die menschliche Vernunft 73
Das Schöpferische in der Welt 76
Der Mensch – eine Welt im Kleinen 81

IV Der Kardinal und Bischof
Vertiefung der grundlegenden Gedanken 86
Der Konflikt mit dem Herzog 95
Gregor Heimburg 101
Unablässiges Sehnen nach dem Einen, Unfaßbaren 118

Schluß 125

Anhang
Stunden der Entscheidung:
Meister Eckhart 138
Die große Stunde des Kopernikus 148
Datenübersicht 153
Verzeichnis der Abbildungen 155
Aus der Literatur 157

Vorwort

Noch im Mittelalter, aber an der Schwelle zur Neuzeit schon, steht der Denker, der als Schiffersohn und Gehilfe seines Vaters in Kues an der Mosel begann und als Kardinal und Verweser des Papsttums in Rom sein Leben beschloß.

Nikolaus von Kues war in wesentlichen Punkten ein Schüler Meister Eckharts (1260–1327); befindet sich doch auch in seiner Bibliothek in Kues eine der wenigen Handschriften der deutschen Werke des Meisters. Seine besondere philosophische Leistung ist vor allem in seinem Werk „De docta ignorantia" (Von der wissenden Unwissenheit) niedergelegt. Unser Erkennen befindet sich demnach auf einem unendlichen Weg. Damit hat das Prinzip des neuzeitlichen wissenschaftlichen Denkens einen Ausdruck gefunden.

Auf dem Konzil zu Basel (ab 1431) spielte er trotz seiner Jugend schon eine führende Rolle. Die von ihm bei dieser Gelegenheit herausgegebene Schrift „De concordantia catholica" legt Zeugnis ab von seiner besonnenen, die Ansprüche der einzelnen Mächte im Interesse des Ganzen gegeneinander abwägenden Art. Er war überzeugt von der Notwendigkeit des Konsenses, der Mitbestimmung. Die Anerkennung anderer Meinungen stimmt nun auch mit seinem logischen Standpunkt überein, wonach kein Mensch im Besitz der absoluten Wahrheit sein kann, da wir uns ihr von verschiedenen Punkten her immer nur annähern können.

Ihm war es selbstverständlich, daß in der Welt keine Vollkommenheit sein könne. Jeder Gegenstand ist eine Einschränkung des Vollkommenen und zwar jeder in seiner Weise. Daraus folgerte er, daß kein Wesen dem anderen gleich sein könne: Jedes Leben hat seine individuelle Eigenart und ebenso jeder einzelne Mensch und auch jede Kulturgemeinschaft. So hören wir aus seiner Gedankenwelt die Idee der Toleranz herausklingen, der Anerkennung des Eigenen, das in jedem Menschen angelegt ist. Und diesen Gedanken wandte er nun auch auf die Religionen an. Wenn wir bei Schiller (ihm war Cusanus nachweisbar unbekannt) das Wort lesen: „Unter der Hülle der Religionen liegt die Religion selbst, die Idee eines Göttlichen", so finden wir diesen Gedanken bei ihm in den Worten ausgesprochen: „Una religio in rituum varietate", *eine* Religion in der Mannigfaltigkeit der religiösen Formen.

Und schon hat Nikolaus von Kues intuitiv den Weg erfaßt, mit dem man der Natur auf die Spur kommt. Mit der Waage sucht er, wenn auch noch tastend und irrend, hinter ihre Rätsel zu kommen, und bereitet damit die exakte Naturwissenschaft vor. So kündigt sich in dem erleuchtetsten Geist des Mittelalters zugleich dessen Ende an. Schlaftrunken noch, könnte man sagen, hat ein neues Zeitalter sein Auge geöffnet. Aber bald werden die führenden Geister bewußt in einer neuen Welt stehen, in der Welt der Neuzeit, die aus der Zwangsjacke einer dogmatisch befohlenen Erkenntnisrichtung in die Freiheit des Geistes führt, die alle ihre Erkenntnisse und Überzeugungen aus der Tiefe ihres Wahrheitsgewissens schöpft.

Sein hoher Rang und die Achtung, die Nikolaus v. Kues als Gelehrter genoß, bewahrten ihn vor Folgen aus seinen Erkenntnissen; jeder andere hätte ein Verfahren als Ketzer gewärtigen müssen. Der Geist, von dem er beseelt war, war der Geist der werdenden Renaissance, er war auch der Geist des Papstes Pius II., des Ennea Silvio Piccolomini, mit dem ihn seit dem Konzil zu Basel eine geistige Freundschaft verband, und vieler führender Männer dieser Zeit.

Einleitung

Über die einzigartige Hinterlassenschaft des Philosophen Nikolaus Cusanus

Wer das Moseltal mit seinen reichen Naturschönheiten und seinen vielfältigen Denkmälern vergangener Kulturblüte durchwandert, sollte nicht versäumen, eine einzigartige Stätte mittelalterlicher Geistigkeit zu besuchen: das Cusanusstift, das St.-Nikolaus-Hospital in Kues.
Wenn wir von Bernkastel über die Brücke kommen, die nach Kues führt, sehen wir es zur rechten Hand am Moselufer liegen, geschmückt mit einer kleinen gotischen Kirche, die an der uns zugewandten Ecke eingebaut ist. Es ist eine Stiftung des Kardinals Nikolaus von Kues. Den letzten Abschnitt seines Lebens verbrachte er in seinem Bistum Brixen in Tirol und dann als Berater und Vertreter des Papstes in Italien.
Daß er sich die Liebe zur deutschen Heimat bewahrt hat, hat er darin zum Ausdruck gebracht, daß er an seinem Geburtsort ein Altersheim für 33 Männer bauen ließ. Er hat es nie vollendet gesehen, hat aber mit dem Baumeister den Bauplan durchgesprochen und gewiß selbst grundlegende Anregungen geben.
Schon die Erhaltung des Gebäudes ist ein Glücksfall, denn der Friede des Moseltales wurde immer wieder durch zahlreiche kriegerische Ereignisse erschüttert. Man könnte das Stiftungswerk das schönste Zeugnis spätgotischer Baukunst nennen, das heute noch so dasteht, wie es in der Mitte des 15. Jahrhunderts erbaut wurde.
Beim Eintritt in das Hospiz sehen wir uns in einem gotischen überdeckten Kreuzgang, dessen Kunst uns mit dem Zauber einer fernen Vergangenheit umweht, die doch auch zugleich unserem Wesen verwandt ist. Was ist

es anderes, als die ewige Sehnsucht nach einer höheren Welt, in der alles Getrennte sich eint, was uns in der gotischen Architektur ins Auge schaut. Sie reckt sich empor wie ein Wald, in dem alles Leben zum Lichte drängt. Und tragen wir Heutigen es nicht auch noch in uns, wenn auch in anderen Formen unseres Denkens und vielfach getrübt durch die Unruhe und Hast unseres gegenwärtigen Lebens? Dieses Sehnen nach dem Einen spricht auch hier in der vielfältigen Architektur der Decke und der 21 Spitzbogenfenster zu uns. Es ist die Seelenkraft, die der mittelalterlichen Mystik ihr besonderes Gepräge gibt und schließlich die tiefste Wurzel aller großen Leistungen des Kulturlebens bleibt.

Diesen Eindruck bekräftigt das Innere der Kirche, dessen Altarbild, das wahrscheinlich auf den Meister des Kölner Marienlebens[1] zurückgeht und die Kreuzigung Christi darstellt, auch den Kardinal selbst unter dem Volke vor dem Kreuze knien läßt. Vor allem aber atmet den Geist dieses Mannes der gleichfalls in gotischem Stil gebaute, im ersten Stockwerk befindliche Bibliothekssaal, in dem noch heute, seinem letzten Willen entsprechend, seine Privatbibliothek untergebracht ist. Man kann sich keinen Ort denken, der die Atmosphäre mittelalterlicher Geistesarbeit reiner erhalten hätte.

Er verführt zu frommen Studien und hinterläßt einen tiefen Eindruck bei jedem, der bei aller inneren Freiheit des Menschen der Gegenwart die Ehrfurcht vor vergangenen Leistungen in sich bewahrt hat.

Wir vertiefen uns in die Handbücherei des Kardinals, die älteste Büchersammlung, die Deutschland aufzuweisen hat. Erst in den letzten Jahren seines Lebens hatte sich die Kunst des Buchdrucks durchgesetzt, so daß die meisten Pergamentbände, die juristische, theologische, naturwis-

---

1) Bedeutender Kölner Maler der Spätgotik, tätig um 1463–1480. (Anm. d. Hrsg.)

St.-Nikolaus-Hospital von Kues (Tusche, Johanna Pick)

senschaftliche Gegenstände behandeln, Handschriften sind. Einige von ihnen haben eine auserlesene künstlerische Gestaltung erfahren.

Wir schlagen eines dieser Bücher auf und lesen an den Rand geschriebene kritische Bemerkungen von seiner Hand, die uns seine geistige Persönlichkeit unmittelbar gegenwärtig machen. Von der besonderen Richtung seiner Gedanken reden die mystischen Schriften, die er durchgearbeitet hat, unter anderem zwei Ausgaben des für die deutsche Mystik besonders bedeutungsvollen Dionysius Areopagita und eine der maßgebenden Handschriften der Werke Meister Eckharts, und zeugen schließlich auch die astronomischen Instrumente, die er benutzt hat. Man kann für Momente vergessen, daß ein halbes Jahrtausend vergangen ist, seit diese Dinge als Werkzeuge für die Arbeit eines schöpferischen Menschen noch unmittelbares Leben besaßen, so unberührt von den Kämpfen und Schicksalen der Jahrhunderte haben sie sich erhalten.

In der Kirche selbst ist unter einer Metallplatte seinem letzten Willen gemäß sein Herz verwahrt, während sich sein Grab in der Kirche San Pietro in vincoli in Rom befindet, in derselben Kirche, in der die gewaltige von Michelangelo geschaffene Statue des Moses steht. Über seiner Gruft ist, aus der Wand herausragend, das nebenseitige Bildnis zu sehen, das seine Züge ohne Zweifel authentisch wiedergibt. Es bestätigt schon seiner äußeren Erscheinung nach den Menschen, der durch mittelalterliche Lebensauffassung und -haltung gebildet ist. Kein revolutionäres Temperament, wie es im Rahmen des Mittelalters Meister Eckhart gewesen ist, sondern eine nach Ausgleich strebende Persönlichkeit, der es vor allem darum geht, sich in dem gegebenen Rahmen einzustellen und innerhalb des Ganzen fruchtbare Arbeit zu leisten. Ein überlegener Kenner und Organisator in der Welt der praktischen Wirklichkeit, gütig, soweit die Pflicht großen Aufgaben gegenüber es ihm erlaubt. Im Reiche der Ge-

Nikolaus von Kues
nach dem Grabmal von Andrea Bregno 1465

danken mit wachem und tiefem Blick für Kräfte, die dem gewöhnlichen Menschen verborgen bleiben; alles dies nicht ohne schwere Erfahrungen in seiner Lebensarbeit, die jedoch letztlich überwunden werden im Aufblick zu der ewigen Macht, die über allen Wirrnissen der Welt in ungetrübter Klarheit und Ruhe thront.

Selten universal ist in der Tat dieses Leben gewesen. Aufs gründlichste vertraut mit den juristischen Verhältnissen der Kirche, griff er früh in den politischen Kampf ein. Als Kirchenfürst widmete er oft seine ganze Kraft nach innen der Erneuerung ihrer Ordnungen und ihres Geistes, nach außen der Verteidigung ihres Bestandes. Als Humanist wurde er in jungen Jahren durch die Entdeckung verlorengegangener Schriften römischer Autoren berühmt. Er galt als einer der besten Kenner der griechischen Literatur. Als scharfsinniger kritischer Betrachter des ihm zugänglichen Schrifttums brach er die Bahn zu wichtigen geschichtlichen Erkenntnissen. Als politischer Schriftsteller erlebte er durch den Entwurf einer idealen Gestaltung des mittelalterlichen Lebens Aufsehen, als Astronom bereitete er das Weltbild der Neuzeit vor.

Er war der erste, der die Idee der Unendlichkeit erfaßte, die die neuzeitliche Mathematik so entschieden bestimmen sollte. Als Denker fand er, von dieser mathematischen Konzeption ausgehend, den Weg zu einer Gottesauffassung, die den Gang der europäischen Philosophie maßgebend beeinflußte. Sein überlegener Geist ließ ihn erkennen, daß alle Religionen aus dem besonderen Volkscharakter hervorgegangen sind und daraus ihr Eigenrecht ableiten können. Unter dieser Voraussetzung allein hoffte er für die Zukunft auf einen allgemeinen Glaubensfrieden.

An der Schwelle des Mittelalters zur Neuzeit

Das Schicksal hat ihn in eine wild bewegte, wirre Zeit hineingestellt, in ein wahres Labyrinth von Kräften, aus dem es schwer war, einen Ausgang zu finden. Der Kampf des Kaisertums gegen den Partikularismus der Fürsten, immer wieder von neuem aufgenommen und immer wieder verloren, trat in seiner Hoffnungslosigkeit immer deutlicher in Erscheinung. Das Rittertum war in der Auflösung, die Kultur der aufblühenden Städte hatte es beiseite geschoben. Begehrlich sah der Machtwille der Fürsten auf die Reichsstädte hin, die sich eine selbständige Stellung dem Reiche gegenüber erworben hatten. Auflösende Kräfte unterhöhlten die Macht der Kirche. Allenthalben lockerte sich die Disziplin der Priester und Mönche. Die Ehrfurcht vor dem Papst als dem Oberhaupt der Kirche sank in weiten Kreisen der Kirche selbst. Bunt zusammengewürfelte Kirchenversammlungen ließen am Anfang des Jahrhunderts Päpste, würdige Patriarchen ebenso wie substanzlose Abenteurer kommen und gehen. Das Fürstentum zeigte immer weniger Neigung, dem Nachfolger Petri Gefolgschaft zu leisten. Ja, wir beobachten, daß hier und da ein Haß hervorbrach, der ein prinzipieller wurde und sich weniger gegen einzelne Auswirkungen der päpstlichen Macht als, wenn auch noch nicht klar ausgesprochen, gegen seine Existenz selbst richtete. Diesem frühen Durchbruch der Geistesfreiheit wurde die Bahn geöffnet durch Bewegungen, die auf die Literatur und Kunst der Römer und Griechen zurückgriffen und dort Werte fanden, die die kirchliche Lehre verschüttet hatte, durch den Humanismus und die Renaissance. Die wachen Geister fühlten das Werden einer neuen Zeit und glaubten sich zum Kampf für sie aufgerufen. Angesichts der Elemente, die mit der mittelalterlichen Kirche dem europäischen Leben aus orientalischen Quellen eingeschmolzen waren, bedeutete dies eine Rückwendung zur

Substanz des eigenen Wesens. Die abendländische Seele sah sich zugleich vor einer neuen Welt, die auf den verschiedensten Gebieten durch neue Eroberungen eröffnet wurde. Ein neuer Freiheits- und Wahrheitsbegriff, ein neues Verhältnis zur Natur, ein neues astronomisches Weltbild begann sich auszukristallisieren. Der Gegnerschaft gegen Kirche und Papst wurde so neue Nahrung und Stütze gegeben, und die Vorstöße des Nationalbewußtseins wurden begünstigt. Wo solche Auffassungen in die Fürstenhöfe eindrangen, bereitete sich die Kampfstellung vor, die ein Jahrhundert später in der Reformation zum Ausdruck kommen sollte. Die Losung, unter der vielfach die Loslösung von Rom sich vollziehen sollte, die Rückkehr zum reinen Evangelium, gab schon in jener Zeit einer slawischen Gruppe die ideelle Begründung für ihren Kampf um die eigene Nationalität. Die böhmischen Hussiten waren sowohl dem deutschen Kaisertum wie dem Papsttum eine ernste Gefahr; sie beeinträchtigten deren Autorität und zwangen sie zu einem Kraftaufwand, der eine innere Schwächung zur Folge hatte. Zu gleicher Zeit erhob sich immer drohender vom Osten her die größte Gefahr jener Zeit: die Türken, die, von Klein-Asien kommend, auf der Balkan-Halbinsel Fuß faßten, im Jahre 1453 Konstantinopel eroberten und dem Kern Europas unaufhaltsam näher kamen. Sie bedrohten in gleichem Maße das Reich wie die Kirche, und nicht nur die mittelalterliche Form der abendländischen Kultur, sondern ihren Bestand überhaupt. Diese Gefahr wirft ein grelles Licht auf die Zerrissenheit des Reiches, dem es bei einiger Geschlossenheit des Vorgehens ein leichtes hätte sein müssen, sich des Ansturms eines verhältnismäßig kleinen Volkes zu erwehren.

In diese Zeit wurde Nikolaus Krebs aus Kues hineingeboren. Sie erhob ihn aus einfachen Verhältnissen in die Reihen ihrer führenden Männer, und es war ihm vergönnt, ihr in weitem Maße etwas von seinem weitschauenden

Geiste einzuhauchen und Werkzeug ihres schöpferischen Willens zu werden. Aber das Schicksal und der religiöse Zug seines Wesens führten ihn in den Rahmen der mittelalterlichen Kirche und damit der Institution, deren Stern im Sinken begriffen war, gegen deren politische Machtstellung sich die tiefsten Kräfte der Zeit aufzulehnen begannen. Das begründete seine Tragik. Er hat den Leidenskelch eines Menschen des Übergangs bis zum Grunde ausgetrunken. Ein Wegbereiter philosophischer Wahrheit und eines neuen Weltgefühls, ein Künder idealer politischer Ordnung, sieht sich als Alternder dem Angriff erbitterter Gegner gegenüber, die von anderer Basis aus um die Zukunft kämpfen.

Wie dieser Mann aus Kues wurde, was er war, wie er sich zu den Gedanken aufschwang, mit denen er seine Zeit überragte, wie er einen seelsorgerischen Einfluß in Deutschland gewann, den keiner seiner Zeit erreichte; wie er zugleich, der er doch in seinem tiefsten Sehnen auf Ausgleich der Kräfte gerichtet war, der Geschichte das Bild einer merkwürdigen Zwiespältigkeit zwischen seiner bahnbrechenden Geistigkeit und seinem praktischen Kampf hinterläßt – wie er dies Schicksal trug und gestaltete, das soll die folgende Schilderung lebendig machen.

I
Der Aufstieg

Jugendzeit

In Kues an der Mosel betrieb Henne Cryffts (Krebs) die Fähre nach Bernkastel und den Transport von Waren die Mosel auf- und abwärts. Er war beides: ein tüchtiger Schiffer und ein kluger Geschäftsmann und brachte es so im Laufe der Zeit zu ansehnlichem Wohlstand. Seine Frau Katharina, geb. Römer, schenkte ihm zwei Knaben und zwei Mädchen. Während die drei jüngeren Kinder, wenn das Leben sie auch über den Stand des Elternhauses emporführte, über die engere Heimat zwischen Trier und Koblenz nicht hinauskamen, hatte das Schicksal den Ältesten, Nikolaus, der im Jahre 1400 oder 1401 das Licht der Welt erblickte, zu Höherem ausersehen.

Es war ursprünglich die Absicht des Vaters, ihn in sein Unternehmen hineinwachsen zu lassen, um es einst an ihn weitergeben zu können. Aber ein früh ausgeprägter Hang des Knaben zur Beschäftigung mit geistigen Dingen entführte ihn bald dem einfachen Lebenskreis der Familie. Früh wohl hat der Vater den Jungen als Gehilfen bei seinem Handwerk mit herangezogen. Gelegentlich wird der heranwachsende Knabe schon die Fähre bedient haben. Gewiß hat ihn der Vater auch auf weiteren Fahrten mitgenommen, und wir stellen uns gerne vor, wie auf den erwachenden Geist die Schönheit der bewaldeten oder bebauten Moselufer mit ihren malerischen Städtchen und Dörfern und ihren beherrschenden Burgen gewirkt haben mag. Die vielen Windungen, in denen der Fluß durch das oft zu beiden Seiten steil sich erhebende, dann wieder sanft ansteigende Hügelland hindurchfließt, bieten ein ständig sich änderndes Bild. Wundersames Gefühl, auf sanft dahingleitendem Boot durch das Tal getragen zu werden und, scheinbar stille stehend, langsam das Panorama an sich vorüberziehen zu lassen. Mochte hierbei vielleicht in dem nachdenklichen Knaben schon etwas aufdämmern von den Fragen, die den späteren Philosophen beschäftigten? Merkwürdig, wie die Sinne uns täuschen können: Wir sind in Bewegung und wähnen fest zu stehen, weil wir uns mit dem Strome bewegen. – Wahrscheinlich haben solche träumerischen Gedanken den Knaben mehr gefesselt als die praktischen Forderungen der Schiffahrt.

Die Eltern waren für seine Bildung besorgt, und ließen ihn, wohl durch den Pfarrer des Ortes, im Lesen und Schreiben unterrichten. Der Vater mochte damit den Gedanken verbinden, daß es für sein Geschäft einmal nützlich sei, während die Mutter gewiß im stillen Hoffnungen höherer Art hegte. Der Knabe muß eine besondere Auffassungsgabe an den Tag gelegt haben, die seinen Lehrer veranlaßte, mehr zu tun, als eigentlich gefordert war. Und so mag der Vater zu seinem Ärger bald bemerkt haben, daß der Sohn nicht gerade gerne von seinen Büchern aufstand, um ihm zur Hand zu gehen, und er die freie Zeit auf den Fahrten dazu benutzte, sich in ein Buch zu vertiefen. Und manchmal mag der Junge wie aus einer anderen Welt aufgeschreckt worden sein, wo er geistesgegenwärtig hätte Hand anlegen müssen, so daß das rauhe ungeduldige Wort des Vaters ihn nach Schifferart zurechtwies. Jedenfalls erzählt die Legende, Henne Krebs habe sich über das mangelnde Interesse seines Sohnes an der Schiffahrt und seiner Versessenheit auf Bücher so geärgert, daß er ihn eines Tages im Zorn mit einem Ruderschlag über Bord warf. Irgendeine ähnliche Jugend-Katastrophe wird wohl ausgelöst haben, was Leben gewinnen wollte, und führte die Wendung seines Schicksals, den Sprung aus der kleinen Welt seiner Kinderzeit in die Welt seiner geistigen Berufung, herbei.

Er fand zunächst Aufnahme bei dem Grafen Theoderich von Manderscheid. Wie entscheidend die gräfliche Familie sein Schicksal beeinflußte, ersieht man aus der Anhänglichkeit, die er ihr zeitlebens bewahrte. Es zeugt zugleich von seinem reinen Charakter, daß er sich in späteren Jahren uneigennützig für die Familie einsetzte. Durch die Vermittlung des Grafen kam er zunächst nach dem flämischen Deventer in die Schule der „Brüder des gemeinsamen Lebens" (Fraterherrenschule). Hier wehte etwas von dem Geist der Mystik, die von Meister Eckhart ausgehend, sich von Straßburg rheinabwärts bis in die Niederlande ausgebreitet hatte. Der niederländische Mystiker Gerhard de Groot hatte die Gemeinschaft gegründet, die, ursprünglich als Priesterschule gedacht, zu jener Zeit dem Zug der Verhältnisse entsprechend eine allgemeine Vorbereitung zum Universitätsstudium für alle Fakultäten bot. Die Grundlage bildete die Erziehung zu einem frommen Denken und einem Wandeln in der Nachfolge Christi. Neben der Vertiefung in die heilige Schrift wurden die Schüler jedoch auch in die Lektüre römischer Schriftsteller wie Vergil und Cicero eingeführt. Dabei war die Lehrmethode vor allem darauf angelegt, nicht nur ein inneres Verständnis dieser Schriften zu vermitteln, sondern auch das eigene, selbständige Denken anzuregen. Man kann sagen, daß das Christentum und die nichtchristliche Antike, wenn auch auf ungleich breiterer Basis, die Fundamente geblieben sind, auf denen Nikolaus von Kues sein geistiges Werk aufgebaut hat. Das Christentum war ihm Schicksal, wie allen seiner Zeit. Ihm entnahm er seine Richtung zu Gott. Die Klarheit über die letzten Dinge, die sein erleuchteter Geist über seine Zeitgenossen hinaus entwickeln sollte, erwuchs ihm aus dem Studium der antiken Philosophie und solcher Schriftsteller, deren Gedankenwelt sich an ihr ausgerichtet hatte.

Förderer und Freunde

Im Frühling des Jahres 1416 ließ er sich an der Universität Heidelberg immatrikulieren. Hier öffnete sich nach der abgeschlossenen Stille der Schule in Deventer dem jungen Menschen in den Gesprächen der Professoren und Studenten die bunte Welt des geschichtlichen Geschehens. Es war die Zeit des Konzils zu Konstanz. Die fundamentale Streitfrage, ob dem Papst oder dem Konzil die entscheidende Macht zuzuerkennen sei, war dort zugunsten des letzteren entschieden worden. Hart war in Konstanz über die tschechischen Irrlehren zu Gerichte gesessen worden, die die Einheit der Kirche bedrohten. Johannes Huss und sein Glaubensbruder Hieronymus waren auf dem Scheiterhaufen gestorben. Als todesmutige Vertreter eines Ideengutes, das in eine neue Zeit hinübertastete. Diese Ereignisse fanden in den wissenschaftlichen Kreisen Heidelbergs einen lebhaften Widerhall; erregte Auseinandersetzungen brachten das Für und Wider zum Austrag. Bezüglich der Fragen nach der entscheidenden Macht in der Kirche neigte die Waage der Zeit auf die Seite des kirchlichen Parlamentarismus, der in den Konzilien seine Verkörperung fand. Man glaubte an die Erneuerung der Kirche aus dem Geiste einer demokratischen Verfassung. Die Jugend fühlte sich an der Wende der Zeiten. Die heillosen Zustände, die das kirchliche Leben erniedrigten, sollten einer neuen Ordnung weichen. Und die begeisterten Studenten sahen hier den großen Auftrag, den ihnen die Zeit erteilte, nämlich durch eigenen Einsatz neue Lebensordnungen zu schaffen. Als Nikolaus Krebs im Alter von wohl 17 Jahren die Heidelberger Universität verließ, hatte er wahrscheinlich die Grundrichtung seiner Lebensarbeit gefunden.
Auf welche Verhältnisse der Idealismus einer großgesinnten Jugend stößt, das entscheidet meist über die führenden Gedanken ihres Lebens. Diese konnten für den

jungen Kusaner nur lauten: Kampf um eine Erneuerung der Welt durch Vorbild und Führung, Überwindung aller Uneinigkeit durch eine klare und gerechte Ordnung der Verhältnisse. Für die Frage, ob die katholische Kirche als solche dem Drängen der Zeit Genüge leisten könne, war die geschichtliche Stunde noch nicht gekommen. Dunkel erst war das Bewußtsein eines Auftrages für seine Zeit in ihm „aufgedämmert", aber hell genug schon, um ihn zu einem Schritte zu bestimmen, der für seine Zukunft sehr bedeutsam werden sollte. Als er nach eineinhalb Jahren die berühmte Universität Padua in Italien aufsuchte, ließ er sich als Student der Rechte einschreiben. Die Kenntnis und rednerische Auswertung der Gesetze war in der Tat das unentbehrliche Rüstzeug, wenn man in das Rad des politischen Geschehens mit eingreifen wollte.

Der Ruf, den diese Universität genoß und der ihn dorthin zog, enttäuschte ihn nicht. Er fand sich für den trockenen und formalistischen Lehrbetrieb der juristischen Fakultät weitgehend entschädigt durch die vielfältigen wissenschaftlichen Anregungen, die sein bildungshungriger Geist dort erfahren durfte. Da lehrten hervorragende Mediziner, die ihre Wissenschaft durch Vermittlung arabischer Gelehrter bis auf die Forschungen der Griechen zurückführten, nicht ohne ihrem eigenen Urteil Spielraum zu gestatten. Mathematiker und Astronomen entwickelten die Gesetze der Welt entsprechend dem Stande des Wissens, das dem damaligen Erkennen erreichbar war, auch die Naturwissenschaft war vertreten. Der damals im Aufschwung begriffene Humanismus fand begeisterte Verfechter. Zweifellos wurden hier dem ins Universale strebenden Geist des Studenten die Grundlagen zur Entwicklung der Fähigkeiten gegeben, die es ihm ermöglichten, nicht nur die gesamte Wissenschaft seiner Zeit zu beherrschen, sondern auf allen Gebieten eigene Forschung zu betreiben.

Er lernte einen jungen Gelehrten kennen, der für sein geistiges Werden wie für seine spätere Laufbahn von bestimmender Bedeutung sein sollte, den Theologen und Juristen Giuliano Cesarini. Er schloß sich dem um einige Jahre älteren Kandidaten an, und die Freundschaft und Zusammenarbeit blieb auch erhalten, als dieser in den Lehrkörper der Universität eintrat. Cesarini, ein Mensch von glänzenden Eigenschaften, auffallend schon durch seine körperliche Schönheit, ein Meister des Wortes, von unermüdlichem Fleiß, von den gleichen Idealen beseelt wie er, las mit ihm und anderen Studenten in den Werken römischer Schriftsteller. Er war es, der ihn auf die Lektüre lateinischer Übersetzungen der großen Griechen Platon und Aristoteles hinlenkte, die die Philosophie des christlichen Altertums und Mittelalters beherrschten und an deren Gedanken auch Nikolaus seinen Geist zu eigenem philosophischen Schaffen schärfte. Mit seiner Hilfe eignete sich Nikolaus Krebs einige elementare Kenntnisse der griechischen Sprache an. Eine enge Freundschaft, die bis zu seinem Tode erhalten blieb, verband ihn seit seiner Studienzeit in Padua mit einem zweiten Italiener, Paolo Del Pozzo Toscanelli, dem unter anderem der große Künstler und Techniker Leonardo da Vinci und vielleicht auch Christoph Columbus wertvolle Anregungen verdankten.

Im Herbst des Jahres 1423 beschloß er seine Studien in Padua mit der Promotion zum Doktor des Kanonischen Rechts. Bei einem längeren Aufenthalt in Rom war er Zeuge einer verheißungsvollen Wendung der päpstlichen Machtstellung unter dem 1417 zum Schluß des Konstanzer Konzils gewählten Martin V. Mit einem wissenschaftlichen Besitz, wie ihn wenige Deutsche ihr Eigentum nennen konnten, wandte er sich wieder nach Deutschland zurück.
Er hatte das Studium der Theologie und die Vorbereitung zum Priesterstand zurückgestellt. Sein späterer Gegner,

Gregor Heimburg, berichtet, er habe den juristischen Beruf aufgegeben, weil er in Mainz als Rechtsvertreter einen Prozeß gegen ihn verloren habe. Sei dem, wie es wolle, der innere Grund dafür, seine Arbeit der Kirche zur Verfügung zu stellen, lag darin, daß er seiner Veranlagung nach in einer juristischen Betätigung seine volle Befriedigung nicht finden konnte. Die Anwendung der Gesetze konnte für ihn nur Sinn haben, wenn sie für die Idee fruchtbar gemacht wurden, die ihm schon in Heidelberg den künftigen Weg erleuchtet hatte: Erneuerung der Welt aus dem Geist einer echten Verbundenheit mit der Gottheit, aus dem Geiste der Wahrheit und des Aufbauwillens. Und die Macht, in deren Rahmen er seine Kraft einzusetzen hatte, konnte entsprechend der Geisteswelt, in die er hineingewachsen war, nur die Kirche sein. So vollendete er in Köln, wo einst der bedeutende Theologe Albert der Große und dann Meister Eckhart gelehrt hatten, seine theologische Vorbereitung, gefördert durch den Erzbischof von Trier, der dem begabten und kenntnisreichen Juristen seine besondere Aufmerksamkeit zuwandte. Die abgeschlossene juristische Bildung hob ihn an sich schon unter den Theologen der Diözese hervor.

Dem Könner eröffnen sich stets Wege zum Aufstieg. In einem Streitfall, den der päpstliche Legat in Deutschland, Giordano Orsini, zu schlichten hatte, fiel unter sechzig herangezogenen Gutachten das des Nikolaus Krebs auf. Der persönliche Eindruck, den der Geistliche von dem jungen Menschen gewann, war so günstig, daß er ihn zu seinem Sekretär machte. Damit fand der Kusaner Eingang in die große Welt staatsmännischer Verantwortung. Orsini war zugleich ein leidenschaftlicher Humanist. Mit glühendem Eifer betrieb er das Studium antiker Schriftsteller und beteiligte sich auch an der Suche nach verschollenen Schriften. Mit dem erwachenden Interesse der beginnenden Renaissance an einer Erneuerung des Lebens aus dem Geiste der alten römischen und griechischen

Kultur kam man auf den Gedanken, die Kloster- und Kirchen-Bibliotheken nach solchen Schriften zu durchsuchen und hatte überraschende Erfolge. Es entspann sich ein fieberhafter Wettstreit um die Ausgrabung wichtiger Handschriften, die in den alten Büchereien versteckt waren. Von diesem Rausch wurde auch der junge Kusaner erfaßt. Noch waren die rheinischen Klöster nicht abgesucht. Er versäumte keine Gelegenheit, sie nach den verborgenen Schätzen zu durchstöbern, und fand in der Tat eine Reihe wichtiger Handschriften des Altertums.
Insbesondere war es die Auffindung von sechzehn Lustspielen des römischen Dichters Plautus, die seinen Namen berühmt machte. Der Foliant, den er ans Licht zog, enthielt zwölf bisher unbekannte Komödien. Diese Tätigkeit vermittelte dem 29-jährigen die Freundschaft führender Gelehrter und höchster Kirchenfürsten.

Mitten im Strom des Humanismus

Cusanus hat sich in seiner späteren Forschertätigkeit mit dem bloßen Suchen nach Manuskripten nicht begnügt. Die Abweichungen verschiedener Handschriften desselben Werkes gaben Anlaß zu Überlegungen über notwendige Verbesserungen zur Wiederherstellung des ursprünglichen Textes. So erwarb er sich schon in jungen Jahren ein für seine Zeit neuartiges kritisches Urteil über die wahren Zusammenhänge, die sich hinter einer Fassade verbargen, die nur um des Ansehens der Kirche willen aufgerichtet war.
Von richtunggebender Bedeutung für die Mystik des Mittelalters waren Schriften, die unter dem Namen des Dionysius Areopagita bekannt waren. In der Apostel-Geschichte Kap. 17, 34 wird erwähnt, daß ein Athener, der dem Areopag, dem Rat der Stadt, angehörte, von

Paulus bekehrt worden sei. Diese Schriften enthalten jedoch in christlichem Rahmen Gedanken der neuplatonischen Philosophie, die von Plotin erst im dritten Jahrhundert nach unserer Zeitrechnung begründet und von dessen Schüler Proclos weitergeführt worden war. Wir wissen heute, daß die Schriften im fünften Jahrhundert geschrieben worden sind und der Name des Autors eine Fälschung darstellt, und zwar mit der Absicht, ihnen eine größere Autorität zu verleihen. Nikolaus von Kues war der erste, der an der Echtheit der Schriften, so hoch er sie schätzte, Zweifel hegte, da er beobachtete, daß sie von den Autoren der ersten christlichen Jahrhunderte nicht erwähnt werden. Es ist wohl anzunehmen, daß ihn auch die Abhängigkeit der Schriften vom Neuplatonismus zu dieser Auffassung geführt hat.

Ein weiteres wissenschaftliches Verdienst erster Ordnung hat er sich in seiner im Jahre 1432 fertiggestellten Schrift „De concordantia catholica", die wir noch näher besprechen werden, durch den endgültigen Nachweis erworben, daß die sogenannten isidorischen Dekretalen eine Fälschung darstellen. Es ist dies eine Sammlung von Papstbriefen und Synodalbeschlüssen. Sie enthält unter anderem den Wortlaut der „Konstantinischen Schenkung", derzufolge der Kaiser Konstantin (Regierungszeit 306 bis 337) dem Papst den Kirchenstaat übereignet habe, ein Anspruch, der im Machtkampf der Päpste eine Rolle spielte. In Wahrheit handelt es sich um Erfindungen aus dem achten Jahrhundert. Nachdem schon vorher kaiserlich gesinnte Schriftsteller, unter anderem auch Dante, die Schenkung angezweifelt hatten, hat der Kusaner sie mit schlagenden wissenschaftlichen Gründen endgültig als Fälschung enthüllt. Er macht darauf aufmerksam, daß die Schenkung von den Schriftstellern der ersten Jahrhunderte nach Konstantin nicht erwähnt wird, daß die Pippinische Schenkung, durch die der Papst tatsächlich mit dem Kirchenstaat belehnt wurde, sich nicht als Wiederherstellung eines alten Rechtes, sondern als Gunstbezeigung gibt, schließlich, daß die Päpste jener Jahrhunderte keinerlei Ansprüche aufgrund der Konstantinischen Schenkung erheben, sondern den Kaiser als ihren Landesherrn anerkennen. Wir sehen hier, wie gegenüber dem Geist der gläubigen Unterwerfung sich eine neue Gesinnung, ein neues Gesetz der Wahrheit durchsetzt.

Dieser Nachweis erregte in humanistischen Kreisen großes Aufsehen, die antikirchliche Strömung fand ihren Wortführer in Laurentius Valla, der nun die Sache sensationell als einen aufgedeckten kirchlichen Betrug aufzog und im Kampf gegen die Kirche auswertete. Seine Schrift wurde im Jahre 1517 durch Ulrich von Hutten neu herausgegeben. So knüpfen sich Fäden von Nikolaus von Kues zur Reformation.

Wenn er sich auch selbst in den Rahmen der Kirche einstellte, so stand er diesen Stürmern doch nicht als kirchlicher Fanatiker gegenüber. Er hatte sogar später trotz aller Meinungsverschiedenheiten ein freundschaftliches Verhältnis zu Laurentius Valla, der in seiner Schrift „De voluptate" die mönchische Ehelosigkeit als ein Verbrechen gegeiselt und scharfe Angriffe gegen den Papst gerichtet hat. Er empfahl ihn später dem Papst als apostolischen Sekretär, wie auch ein Mann wie Francesco Poggio, der derselben Richtung angehörte, fast ein halbes Jahrhundert Beamter der Kurie sein konnte. Wir sehen hier unter dem Einfluß des sich entwickelnden Renaissance-Geistes eine Weitherzigkeit in der Kirche Platz greifen, die sich gegenüber früheren wie späteren Zeiten stark abhebt. Eine der Triebkräfte dieser vorübergehenden Umstellung der Kirche ist zweifellos der Kusaner gewesen. Wäre der von ihm ausgehende Geist freier Forschung von dauernder Wirkung gewesen, so hätte vielleicht die religiöse Geschichte des Abendlandes eine wesentlich andere Wendung genommen. Statt schwerster Erschütterungen durch Religionskriege und einer bis heute bestehenden konfessionellen Zerrissenheit hätte sich eine organische Entwicklung vollziehen können, in der die Religion, ihrer reinsten Bestimmung gemäß, dem europäischen Kulturleben auf allen seinen Wegen eine gemeinsame Stätte der Selbstbesinnung geworden wäre.

Die entscheidenden Anregungen, die Cusanus nach dieser Richtung hin gab, fallen in den ersten Abschnitt seines Lebens. Neben seinen Kenntnissen und seiner Geschicklichkeit war es ohne Zweifel diese bei seinem Taktgefühl sich gewiß nicht vordrängende innere Freiheit, die seiner Erscheinung schon damals den Charakter der Überlegenheit gab, so daß die Menschen, die ihm nähertraten, seiner Zukunft mit hohen Erwartungen entgegensahen.

II
Die Bewährung

Der Staatstheoretiker und Rechtsgelehrte

Aus der Verpflichtung, die Nikolaus Cusanus gegen die Grafen von Manderscheid empfand, erwuchs ihm im Jahre 1432 eine Aufgabe, die dazu dienen sollte, ihn den entscheidenden Schritt in seine eigentliche Lebensarbeit tun zu lassen. Der Graf Ulrich von Manderscheid, Dekan des Kölner Domkapitels, stand im Streit mit dem Bischof von Speyer um den Erzbischofsitz von Trier. Der letztere war vom Papst bestimmt worden, für den ersteren stimmte das Trierer Domkapitel. Man kam überein, den Streitfall dem Basler Konzil, das seit dem Jahre 1431 zusammengetreten war, zur Entscheidung zu unterbreiten. Nikolaus übernahm die Vertretung der Sache Ulrichs, und so erschien er im Februar des Jahres 1432 in Basel und zog dort bald die Aufmerksamkeit maßgebender Persönlichkeiten auf sich.

Er wurde Sekretär Cesarinis. Als Mitglied der Deputation über Glaubensfragen wurde er mit der Aufgabe betraut, mit den böhmischen Hussiten zwecks Rückkehr in die Kirche zu verhandeln. Diese hatten ihre Sache mit der Waffe in der Hand erfolgreich verteidigt, und so glaubten sie, dem Konzil für ihre Rückkehr zur Kirche schwerwiegende Forderungen stellen zu können: Freiheit der Predigt, Anerkennung des Laienkelchs, d.h. des Rechtes aller Gläubigen, das Abendmahl auch in der Form des geweihten Weines einzunehmen, Aufhebung des kirchlichen Grundbesitzes, Bestrafung aller Verbrechen durch die weltliche Gerichtsbarkeit. Der Kusaner war mit der Absicht in die Verhandlung eingetreten, von den Hussiten Zurückstellung persönlicher Meinung und Einordnung unter die Autorität der Kirche in Glaubensdingen zu fordern. Als aber die Verhandlungen zu scheitern drohten, entschloß er sich, ihnen in der Frage des Laienkelches entgegenzukommen, wenn sie bezüglich der anderen Punk-

te nachgäben. Es wurde dann auch am 30. November 1433 in Prag mit der gemäßigten Partei der Hussiten, den Kalixtinern, eine Übereinstimmung erzielt. Nach einem Siege dieser Partei bei Böhmischbrod über die radikale Richtung wurde im Jahre 1436 der Vertrag von Iglau geschlossen, der die Einigung des gesamten Hussitentums mit dem Basler Konzil zu besiegeln schien.
Schon Ende des Jahres 1433 trat der Kusaner mit einer großen Programmschrift, der er den Titel „De concordantia catholica" gab, vor das Konzil und breitete darin seine Anschauungen über den Aufbau von Kirche und Reich und ihr gegenseitiges Verhältnis aus. In dieser Schrift wird die Grundidee deutlich sichtbar, die sein ganzes späteres Schaffen beherrscht: Die Überwindung der Gegensätze durch den Blick auf das höhere Ganze. Das Werk will nur eine gelehrte Zusammenstellung autoritativer Auslassungen der Vergangenheit sein, die die Erfordernisse der Gegenwart belegen sollen. Aber unverkennbar dient dieser ganze Apparat in der Hand des Kusaners doch nur der Frage: Wie ist der Ausgleich zwischen den herrschenden Mächten zu finden, die alle an ihrem Platze ihre Lebensberechtigung und Aufgabe haben.
Wir gehen von dem Gesamtbau des Idealbildes aus, das er dem Kräftespiel seiner Zeit abgerungen hat, ohne uns an seine eigene Gedankenfolge zu halten. Die menschliche Kultur wird nach der von Nikolaus vorausgesetzten mittelalterlichen Lebensordnung von zwei Mächten, nämlich Reich und Kirche, beherrscht, die sich in ihren Aufgaben genauso zu ergänzen haben wie Leib und Seele im einzelnen Menchen. Die weltliche Macht ist der Leib, die geistige Macht die Seele der menschlichen Kulturgemeinschaft. Sie werden vertreten und verkörpert durch den Papst und den Kaiser. Deren vornehmste Aufgabe ist es, dafür Sorge zu tragen, daß der ihnen anvertraute Bereich gemäß dem Willen Gottes vom Heiligen Geiste, dem Geiste innerer Verbundenheit, bestimmt ist. Sie müssen

von der Voraussetzung ausgehen, daß sie ein und demselben großen Ganzen dienen, wie Leib und Seele dem Ganzen des Menschen, und daher in einem vollkommenen Einverständnis miteinander stehen. Der Wille, der den geistlichen und den weltlichen Führer der abendländischen Menschheit beseelt, muß ein und derselbe sein. Sie ergänzen sich gegenseitig in der Arbeit an der Verwirklichung der Wohlfahrt des Reiches. Diese grundlegende Forderung bekräftigt der Verfasser dadurch, daß er seine Schrift den Repräsentanten dieser beiden Mächte auf dem Konzil zu Basel, dem Kaiser Sigismund und dem Beauftragten des Papstes, Kardinal Giuliano Cesarini, widmet.

Dieses segensreiche Zusammenwirken hängt wieder ab von der Harmonie der Organe innerhalb der beiden Gebiete selbst. Dazu bedarf es bei beiden der einheitlichen Leitung, die von zwei Voraussetzungen bestimmt sein muß: von der Ehrfurcht der Beherrschten vor der Person und den Entscheidungen der Führenden und von dem Bewußtsein der letzteren, Werkzeug des Gesamtwillens zu sein. Mit großer Sorgfalt und feinem Takt geht der Kusaner an die Aufgabe heran, die Rechte der einzelnen Organe gegeneinander abzugrenzen und einerseits die enge Verbindung der Führung mit dem Volkswillen, andererseits den Gehorsam der Beherrschten sicherzustellen. Seine besondere Aufmerksamkeit wendet er zunächst der Kirche zu. Unter ausgiebiger Heranziehung der kirchlichen Überlieferung und der klaren Entscheidung der Konzilien und Päpste weist er erschöpfend nach, daß der Papst an die Beschlüsse der allgemeinen Konzilien gebunden sei, als welches auch das Basler Konzil zu gelten habe. Allerdings muß sich das Konzil durch Ordnung und Eintracht als von der Gegenwart Gottes gesegnet erweisen. Ein solches Konzil hat das Recht, den Papst, wenn er seine Aufgabe nicht erfüllt, abzusetzen. In der Mitwirkung des Konzils an der Leitung der Kirche sieht er die erste Garantie für die enge Fühlungnahme der Führung mit dem Willen der Beherrschten. Aus der ehrfurchtgebietenden Stellung, die dem Papst als dem Stellvertreter Christi gebührt, leitet er das Recht auf angemessene Einkünfte ab, die aber andererseits auf das Maß zu beschränken sind, das die Verwaltungsarbeit der Kirche erfordert. Aller eitle Prunk und vor allem die Gier nach irdischen Besitztümern muß aus der Kirche auf allen Stufen ihrer Führung verschwinden.

Der Papst stellt die Spitze dieser Hierarchie dar, die sich stufenförmig wie eine Pyramide bis zu der Masse der einfachen Priester verbreitert, und zwar bewegen sich bei dem gesunden Ablauf des kirchlichen Lebens bestimmende Kräfte nicht nur von oben nach unten, sondern auch von unten nach oben. Zu den ersteren gehört das überragende Gewicht des Einflusses, den der Papst als erster Vertreter der Kirche ausübt, die relative Selbständigkeit seiner Entscheidungen und der ehrfürchtige Gehorsam, der ihm entgegengebracht wird. Dem steht nun im Sinne der zweitgenannten Kräfte die Regelung der Wahlen gegenüber. Die Untergebenen haben ihren Vorgesetzten zu wählen, doch wird dabei der Vorbehalt gemacht, daß der nächsthöhere Vorgesetzte sein Einverständnis dazu zu geben habe. So wäre z.B. die Wahl eines Bischofs von der Bestätigung des ihm übergeordneten Kirchenfürsten abhängig, nicht aber von der Bestätigung durch den Papst. Auf diese Weise hofft der Verfasser die Willkür untergeordneter Wählerversammlungen wie die Willkür höherer Stellen auszuschalten. Es zeugt von seinem Verständnis für die Eigenart der Volksteile, die eine Kirchenprovinz bilden, daß sie ständige Vertretungen beim Papste unterhalten, damit dieser über die besonderen Sorgen der ihm unterstellten Völker auf dem laufenden bleibt.

Außerdem sollen auch die hohen kirchlichen Würdenträger alljährlich dem Papst persönlich ihren Rat zur Verfügung stellen.

Glaubt er, so dem Leben der Kirche eine gesunde Entfaltungsmöglichkeit zu geben, so hofft er, durch ein entsprechendes staatspolitisches Programm die Wohlfahrt des Reiches auf eine befriedigende Basis zu stellen. Das heilige Reich, das seinen Sitz in Deutschland hat, bildet den Körper der Menschheit. Wie der Papst den höchsten Kirchenfürsten so ist der römische König oder Kaiser den übrigen Fürsten übergeordnet. Er hat wie der Papst seine Autorität unmittelbar von Gott und ist von ihm beauftragt, die zeitlichen Güter der Menschheit zu verwalten. So wenig wie der Papst in weltliche Dinge hineinzureden hat, so wenig darf der Kaiser in die priesterliche Sphäre als solche eingreifen. Aber er hat die Pflicht, die Kirche zu schützen, und wie in vergangenen Zeiten der Kaiser in Notzeiten selbst ein allgemeines Konzil einberufen hat, so ist der Kaiser zu diesem Schritt verpflichtet, wenn der Papst die ihm übertragenen Aufgaben nicht erfüllt.
Auch hinsichtlich des Verhältnisses von Kaiser und Fürsten tritt er für die Rechte einer starken Führung ein. Er bedauert tief die Schwächung der kaiserlichen Zentralgewalt und das Vordringen des Partikularismus der Fürsten und hält ihnen die düstere Warnung entgegen:
„Wie die Fürsten das Reich verzehren, so wird das Volk die Fürsten verzehren. Das Reich ist krank. Es bedarf eines Heilmittels, um wieder zu gesunden. Wenn man das echte Reich in Deutschland vermissen muß, so wird die Fremde unser Land in Besitz nehmen und es unter sich aufteilen."
Bei aller Berücksichtigung der Eigenarten der einzelnen Landschaften bedarf es daher einer Stärkung der kaiserlichen Autorität. Wie sinnlos und verhängnisvoll sind die Kämpfe, die die Fürsten untereinander oder gegen den Kaiser selber führen. Darum soll es keine Landesheere, sondern nur noch ein stehendes Reichsheer geben, das durch eine auf alle Länder verteilte Steuer unterhalten wird. Es soll auch kein nach Ländern getrenntes Recht

geben, da sonst, wie es wiederum die Verhältnisse seiner Zeit zeigten, der Willkür der Fürsten Tür und Tor geöffnet sind. Er schlägt vor, das Reich in zwölf oder mehr Bezirke einzuteilen. Ein Gerichtshof, der sich aus einem Adeligen, einem Geistlichen und einem Bürgerlichen zusammensetzt, übt dort die Rechtsprechung im Namen des Kaisers aus. Zum Zwecke der Aussprache und der Fühlungnahme mit dem Willen der führenden Leute des Reiches hat der Kaiser alljährlich einen Reichstag in Frankfurt am Main einzuberufen, zu dem die Kurfürsten, die Reichsrichter, die Abgesandten der Reichsstädte und der Bischöfe mit ihren Rechtsberatern sich einfinden.

So entwickelt Nikolaus von Kues in vieler Hinsicht befreiende Ideen über Kirche und Reich. In zwei von den gleichen inneren Gesetzen aufgebauten Hierarchien sieht er das Kulturleben sich entfalten. Er erhofft sich von der Verwirklichung seines Programmes die Gesundung der auf beiden Gebieten erkrankten abendländischen Kultur. Dazu bedarf es allerdings einer entsprechenden, alle Seelen durchdringenden Gemeinschaftsgesinnung. Wenn jeder sich aus freien Stücken den ihm an seiner Stelle auferlegten Verpflichtungen unterzieht und sein eigenes Interesse hinter dem des Ganzen zurückstellt, wird der innere Friede im Reiche verwirklicht werden, den alle herbeisehnen.
Diese kirchen- und staatspolitische Programmschrift muß von ihrem mittelalterlichen Ausgangspunkt gewürdigt werden. Das Auseinanderfallen der Führung in eine geistliche und eine weltliche Hierarchie ist aus dem Mittelalter nicht wegzudenken. So gilt sie auch dem Kusaner als grundlegende Tatsache, ja mit Recht trennt er um der Klarheit willen die beiden Bezirke besonders scharf voneinander. Er betont eindringlich die Notwendigkeit einer Einheit und des Zusammenwirkens zum Ganzen der Menschheit. Doch die Geschichte hat gezeigt, daß diese

Zweiheit der Führung sich immer wieder zu einem Konkurrenzstreit ausgewachsen hat. Die beiden Mächte waren doch nicht so naturhaft verbunden wie Seele und Leib, zumal die unterschiedliche Nationalität und vor allem ein nicht klar bewußter Gegensatz zwischen der kirchlich-christlichen Lehre und dem aus anderen geistigen Quellen genährten politischen Erbe sich immer wieder störend bemerkbar machte. Dazu kam, daß die Kirche sich keineswegs auf seelische Belange beschränkte und aufgrund ihrer geistlichen Territorien und Besitztümer am Partikularismus selbst einen großen Anteil hatte. Ohne diese Beschränkung der kirchlichen Ansprüche auf rein religiöse Aufgaben muß das politische Leben erfahrungsgemäß unvermeidlich in ewig neue Streitigkeiten geraten. Die Bescheidung der religiösen Sphäre auf die ihr allein zufallenden inneren Aufgaben ist aber solange unmöglich, wie kirchliches und kulturelles Leben auseinanderklaffen und die Vertreter des ersteren im Kampf um die Existenz der Kirche bestrebt sein müssen, sich politische Stellungen zu erobern.

Die Idee einer organisch einheitlichen Kulturgemeinschaft, der das Mittelalter in anderer Hinsicht gewiß nähergekommen war als die späteren Jahrhunderte, kann letztlich nur durch die Gemeinsamkeit des Kulturgrundes beider Mächte verwirklicht werden, die dem europäischen Raum mehr als jedem anderen von Anfang an versagt gewesen ist. Der Kusaner sollte wie kaum ein anderer den Fluch dieser Zwiespältigkeit noch am eigenen Leibe erfahren.

Trotz dieser Problematik darf die in die Jahrhunderte hineinreichende Tragweite seines Grundgedankens nicht übersehen werden. Was ihn zum Vorläufer von Auffassungen macht, die sich in unserer Zeit mit zwingender Gewalt aufdrängen, ist die Idee der organischen Ganzheit, die das Reich darstellen soll, vielfältig im einzelnen durch die Verschiedenheit der Charaktere der Landschaften, in

Bewegung erhalten durch die Polarität der staatlichen und kirchlichen Sphäre, aber zusammengehalten durch die innere Verbundenheit. Wenn wir in Erwägung ziehen, daß der Kusaner unter „Reich" letztlich die politisch zusammengefaßte Menschheit versteht, so sehen wir seinen Blick auf einen Punkt gerichtet, dessen entscheidender Wichtigkeit wir uns heute erst voll bewußt sind. Was allein die Menschheit vor endloser gegenseitiger Zerfleischung und kulturellem Untergang retten kann, ist die Besinnung auf die allen gemeinsame religiöse Substanz und ihre politische Einigung zu einem „Reich", in dem alle Landschaften in freier Entwicklung das ihre zum Ganzen der menschlichen Kulturgemeinschaft beitragen. Darin liegt der tiefe, zukunftweisende Sinn seiner „Concordantia catholica" beschlossen.

Im Sinne seiner Programmschrift nahm er Gelegenheit, auf dem Konzil in kleinem und großem Rahmen zu sprechen, zunächst in freundschaftlicher Opposition zu seinem Freunde Giuliano Cesarini, der eine vermittelnde Stellung einnahm. Doch immer mehr fühlte er sich enttäuscht. Als er im März des Jahres 1434 endlich nach langen, unermüdlichen Bemühungen zur öffentlichen Verteidigung der Ansprüche Ulrich von Manderscheids kam, mußte er erleben, daß allerhand Rücksichten, zugleich aber auch die schwankende Haltung des Trierer Domkapitels selbst, das Konzil verhinderten, die Sache Ulrichs, die wie ein Schulbeispiel des konziliarischen Rechtsstandpunktes erschien, zu der seinen zu machen. Erst durch die Vermittlung deutscher Bischöfe erlangte er für Ulrich wenigstens eine befriedigende Abfindung. Die großen Ziele des Konzils blieben auf allen Gebieten Theorie. Die Probleme wurden zerredet, es fehlte die große Gesinnung und das, worauf es Nikolaus in erster Linie ankam: die Tat. Auf diesem parlamentarischen Wege – das wurde ihm immer klarer – kam man nicht zum Ziele. Die Kirche bedurfte einer überlegten Leitung durch einen berufenen Menschen.

Eine Schöpfungsstunde des neuzeitlichen philosophischen Denkens

Durch eine neue Aufgabe, die sich der Kirche stellte, fühlte sich Cusanus in dieser Wandlung bestärkt. Die Überwindung der verhängnisvollen Spaltung der griechischen und römischen Kirche schien sich vorbereiten zu wollen. Die Griechen zeigten sich sehr entgegenkommend und hatten sich damit einverstanden erklärt, sich in einer Stadt des Westens mit den Vertretern der römischen Kirche zur Bereinigung der Glaubensgegensätze zu treffen. Vor dieser Aufgabe versagte das Konzil vollständig. Man konnte sich über die Stadt, in der die Zusammenkunft stattfinden sollte, nicht einigen und war nur darin einer Meinung, daß sie nicht in Italien liegen dürfe, weil man einen zu starken Einfluß des Papstes fürchtete. Die Mehrheit des Konzils trat in einen immer unversöhnlicheren Gegensatz zum Papst, während die Griechen ohne den Papst nicht verhandeln wollten. Im Mai 1437 verließ Nikolaus von Kues, der mit Cesarini nun voll und ganz übereinstimmte und das volle Vertrauen des Papstes gewonnen hatte, die Stadt Basel.

Die Verhandlungen des Papstes mit Konstantinopel waren soweit fortgeschritten, daß sich die führenden politischen und kirchlichen Persönlichkeiten des Ostens bereit erklärt hatten, in persönlicher Aussprache mit dem Papst die Wiedervereinigung der beiden großen Kirchen wenn möglich endgültig zu vollziehen. Welche Perspektiven eröffneten sich! Die große, seit Jahrhunderten bestehende Spaltung der Kirche sollte überwunden und die Einheit wiederhergestellt werden. Diese Aussichten gaben dem Papst ein unbestreitbares Übergewicht über das Konzil. Als er nun nach Persönlichkeiten ausschaute, die dieses Werk in die Wege leiten konnten, erschien ihm niemand geeigneter als der Kusaner. Er hatte durch seine universale Bildung, durch seine juristischen Kenntnisse, durch seine Rednergabe sich auf dem Basler Konzil eine einflußreiche Stellung erobert. Sein Werk „De concordantia catholica", so wenig es auch den Wünschen des Papstes entsprach, hatte doch seinem heißen Willen und seiner Geschicklichkeit, zwischen den Gegensätzen zu vermitteln und eine ausgleichende Lösung zu finden, alle Ehre gemacht, und schließlich gab seine Kenntnis der griechischen Literatur eine wertvolle gemeinsame Denkgrundlage ab. So erhielt er vom Papst den Auftrag, mit zwei Bischöfen die hohen Gäste in Konstantinopel abzuholen.

Die Gesandten schifften sich, mit allen Vollmachten versehen, in Venedig ein, um den Kaiser Johann Paleologus und den Patriarchen Joseph mit ihrem Gefolge nach Italien zu geleiten. Nikolaus hatte die Genugtuung, daß die Abgesandten des Papstes, die ein wenig früher in Konstantinopel eintrafen als die Vertreter des Basler Konzils, als die eigentlichen Beauftragten der abendländischen Christenheit angesehen und feierlich empfangen wurden, während sich die Gegner zwar höflich, jedoch nicht als maßgebende Persönlichkeiten behandelt sahen. Einen Monat später hissten die vereinigten Flotten die Segel und gelangten im Februar 1438 nach Venedig.
Neben dieser öffentlichen Tätigkeit hatte Nikolaus von Kues nie aufgehört, die Schriften der großen Denker und Theologen zu studieren. Er durchschaute die Gegensätze, die sie in ihrem Ringen um die letzten Dinge, um Gott, voneinander trennten. Das Gefühl ließ ihn nicht los, daß in ihren Werken das letzte Wort noch nicht gesprochen sei, und in seinem Geiste hatte sich immer wieder die Sehnsucht geregt, eine philosophische Wahrheit zu gewinnen, die er nicht wie alle jene, die er kannte, mit Vorbehalten versehen müßte.
Wir können ihm nachempfinden, daß er die Fahrt von Konstantinopel nach Venedig in gehobener Stimmung erlebte, erfüllt von innerem Jubel darüber, daß die große

Versöhnung des Gegensatzes zwischen Abendland und Morgenland durch seine Mitarbeit verwirklicht werden sollte. Eines Tages, als er im Überschwang der Gefühle auf das Meer hinausschaute, das seine blauen Fluten unabsehbar vor ihm ausbreitete, kam ihm ein Gedanke, von dem er fühlte, daß er all sein Sehnen und Ringen um Gott werde krönen können. Was mag sich alles hinter seiner Bemerkung, daß ihm auf dieser Fahrt der Grundgedanke seines Hauptwerkes gekommen sei, verbergen? Kein Erlebnis kann das Gefühl des Verlorenseins in einer ungeheuren Weite so mächtig erwecken wie das einer Seefahrt. Die endlose Wasserfläche und der weite Himmel wirken zusammen, um uns besonders lebendig zum Bewußtsein zu bringen, daß wir auf unserer Erdkugel in einem Raum von endloser Weite schweben. Da mochte die Frage über ihn gekommen sein: Muß nicht in der Tat das Weltall unendlich sein? Muß nicht hinter jenen Sphären, die die Welt abzuschließen scheinen, wieder etwas sein, neuer Raum sich ausdehnen und so ohne Ende? Liegt es nicht im Wesen des Raumes, daß er unendlich ist?

Und noch weiter führte ihn der Gedanke und drang in andere Bereiche des Geistes ein, um auch dort das ruhende Gedankengut zu erregen und auf seine neue Idee auszurichten: Und wenn nun die Erdkugel, auf der wir wohnen, wie alle anderen Gestirne im Unendlichen schwebt, kann man da noch sagen, sie stehe im Mittelpunkt der Welt? Die Unendlichkeit kann keinen Mittelpunkt haben. Mit der Idee der Unendlichkeit wäre also die Ausnahmestellung, die man der Erde zuspricht, nicht mehr aufrechtzuerhalten. Dürfte man da noch annehmen, sie allein stehe still, während alles andere sich um sie bewege? Und was bedeutet nun diese Unendlichkeit selbst? Wir können sie mit unserem Verstande nicht ermessen, so wenig, wie wir Gott erkennen können. Wie kann der sterbliche Mensch es wagen, seinen Geist, der nur für die Gegenstände dieser

Welt geschaffen ist, sich zum Unermeßlichen aufschwingen zu lassen! Wir müssen wie Sokrates unser Nichtwissen zugeben. Und doch – ist es wirklich unser Schicksal, diesem letzten ganz hilflos gegenüberzustehen und resignierend unsere Ohnmacht anzuerkennen? Hat uns Gott nicht einen Geist gegeben, der mit Hilfe der Mathematik und der Geometrie die Gesetzlichkeit der Welt zu erfassen vermag? Eröffnet sich nicht bei kühnem Weiterdenken dennoch ein Weg zur räumlichen Unendlichkeit?

Das Meer erscheint wie eine ebene Fläche, weil die Kugelfläche, die es bildet, außerordentlich groß ist. Denken wir uns eine gerade Linie über die Meeresfläche gezogen, so ist sie in Wirklichkeit ein großer Kreis, nehmen wir aber nun einen unendlich großen Kreis an, so fällt er endgültig mit der geraden Linie zusammen. Ist demnach nicht das Unendliche dadurch gekennzeichnet, daß in ihm die Gegensätze aufgehoben sind, die uns bei den endlichen Gegenständen begegnen? Und sollte es nun nicht erlaubt, ja geboten sein, von der Unendlichkeit der Welt auf Gott zu schließen, aus dem sie doch hervorgegangen ist, mit dem sie also gleichen Wesens, von dem sie ein Abbild sein muß. Ja, wenn man etwas über Gott sagen durfte, so konnte es nur das eine sein: Er ist die Einheit der Gegensätze. Er steht insofern über der Welt, als er ihre Gegensätze mit seiner Unendlichkeit umschließt und das in seiner unbegreiflichen Harmonie in sich trägt, was in der Welt, ins einzelne zerspalten, kämpft und ringt. Er vermag das, weil er unendlich, ja die Unendlichkeit selbst ist.

Gewiß, wir können Gottes Geheimnisse nie ganz durchdringen, aber wir können so unser Nichtwissen auf eine höhere Ebene erheben. Wir wissen jetzt, in welcher Richtung wir ihn zu suchen haben, unsere Unwissenheit hat sich erhellt zu einem höheren Erkennen. Und bestätigte sich dieses göttliche Wesen nicht auch an dem Werke der Überwindung der Glaubensgegensätze, an dem er mitwirken durfte?

Dies war die große Stunde seines Lebens, da aus seinem heißen Bemühen der Funke des Genius entsprang, eine Schöpfungsstunde der europäischen Philosophie, ein neuer Schritt auf dem Wege des Geistes zu sich selbst. Indem Nikolaus Krebs von Kues diese Idee aus sich hervorhob, äußerte sich in ihm eine Kraft, die weit in die Vergangenheit zurückging und weit in die Zukunft wies. Es ist jene Dynamik des Lebensgefühls, die so manchmal in der Geschichte des Geistes wirksam wurde und ihn wild hineinstürmen ließ in eine unbekannte Weite, um Entdeckungen und Eroberungen zu machen. Es ist die seelische Macht, die hervorbricht, wenn immer die Stunde dafür gekommen ist. Sie trat in Meister Eckharts stolzer, feuriger in letzte Bezirke hinstürmender Predigt neu ans Licht. Dieser Geist hatte in dem genialen Augenblick des Kusaners den Punkt erreicht, wo er die Neugestaltung des Weltbildes mittels der Idee des unendlichen Raumes in Angriff nehmen konnte.

Was diese Stunde ihm schenkte, bewahrte er in sich und ließ es weiterreifen, bis seine praktischen Aufgaben ihm freie Zeit ließen, es mit den vielen Einzelfragen in Verbindung zu bringen, die sich aus der Gegenüberstellung mit der Philosophie seiner Zeit ergaben, und so einen sorgfältig abgewogenen Gedankenbau zu schaffen, der auf philosophischem Gebiet den Weg zur Neuzeit eröffnete.

Zunächst allerdings war er durch seine Teilnahme an den Unions-Verhandlungen völlig in Anspruch genommen. Gewaltiges durfte er schauen und mit vollbringen helfen. Aus seiner Mitarbeit erwuchs, wie er wohl glauben durfte, eine der entscheidendsten Taten der Weltgeschichte, und er war ein hervorragendes Werkzeug des göttlichen Willens geworden. Als Krönung seiner Bemühungen erlebte er die feierliche Verkündigung der Wiedervereinigung der christlichen Kirchen unter dem Papst Eugen IV.

Die Zeit forderte nach diesem großen Erfolg erst recht neuen Einsatz. Eine schwere Aufgabe war noch zu erfüllen. Es galt, in unermüdlichem Kampf die Rechte des Papstes im Reich zur Anerkennung zu bringen.

III
Der Neubau der Gedanken

Philosophische Religiosität im Mittelalter

Der von einem unbändigen Drang nach Klarheit beseelte Geist dieses Mannes empfand neben der Lösung praktischer Aufgaben immer auch die innere Notwendigkeit, seine Eindrücke und Erfahrungen zu klären. Jetzt aber fühlte er sein Wissen und Denken mit neuen Motiven so stark geladen, daß es nach neuer Schöpfung verlangte. Immer wieder wurde er auf das Paradoxon der scheinbar unversöhnlichen Gegensätze gestoßen. Auf der Rückreise von Konstantinopel war die Idee in ihm aufgeflammt, von der er seither nie mehr losgekommen war: Die Vereinigung der Gegensätze eröffne eine neue Erkenntnisart, die geeignet sei, das dem menschlichen Denken sonst unerreichbare Unendliche und Göttliche dennoch zu erfassen. Oft mag mitten in seiner kirchenpolitischen Tätigkeit der neue Gedanke wieder in ihm aufgeschossen sein und einen neuen Sproß getrieben haben, bis er seine Aufmerksamkeit, der Not gehorchend, in den Dienst des Tages zurückzwang.
Endlich nach Erledigung der dringendsten Aufgaben, die der Kampf für den Papst ihm stellte, durfte er sich eine Atempause gönnen, die er ganz seinem eigensten Auftrag, seiner philosophischen Aufgabe, zu widmen beschloß. Er zog sich im Jahre 1440 für einige Zeit auf seine Probstei in Münster/Maifeld in der Eifel zurück und schrieb sein grundlegendes Werk „De docta ignorantia" (Von der wissenden Unwissenheit), von der neuen Erkenntnismöglichkeit, die aus dem klaren Wissen um die Schranken unseres Geistes erwächst.
Wir müssen uns, wenn wir sein geistiges Ringen begreifen wollen, wenn wir den geistesgeschichtlich außerordentlich interessanten Vorgang beobachten wollen, in dem bei ihm neuzeitliche Gedanken aus alten Denkformen herauswachsen, die Mühe machen, uns in die mittel-

alterliche Denkart, von der er ausging, hineinzuversetzen. Das wird ohne eine gewisse Anstrengung nicht möglich sein, auch wenn sich diese Darstellung auf das Notwendigste beschränkt. Wer seine Aufmerksamkeit mehr dem Lebensgang dieses Mannes zuwenden möchte, mag deshalb gleich zum vierten Teil übergehen.
Er hatte sich in der philosophischen Welt umgesehen wie kein anderer. Er kannte die Vertreter der mittelalterlichen Theologie, er hatte ihre Quellen, die griechischen Denker, soweit sie seiner Zeit erreichbar waren, studiert. Wenn wir die mittelalterliche Denkart verstehen wollen, müssen wir vor allen Dingen festhalten, daß sie durch die griechischen Denker Platon und Aristoteles (4. Jahrhundert vor unserer Zeitrechnung) sowie durch eine Erneuerung dieser Denkrichtung durch den Neuplatonismus, dessen Gründer Plotin im dritten Jahrhundert nach unserer Zeitrechnung, also über ein halbes Jahrtausend später in Rom wirkte, bestimmt wurde.
Das Grundmotiv dieser Philosophie, das uns bei den einzelnen Denkern in verschiedenen Variationen entgegentritt, läßt sich in dem Gedanken zusammenfassen, daß das Ideale, Vollkommene eine höhere Wirklichkeit darstellt, als deren getrübter Abglanz das irdische Leben aufzufassen ist. Dieser Gedanke steht auch im Zentrum der mittelalterlichen Philosophie.
Unter den mittelalterlichen Denkern, von denen der Kusaner ausgegangen ist, sind zwei besonders zu würdigen: Albert von Bollstädt (Albertus Magnus genannt, 1193 bis 1280) und Meister Eckhart (etwa 1260 bis 1327), beide in der letzten Periode ihres Lebens als Lehrer an der Dominikaner-Hochschule in Köln tätig.
Albert ist als der mittelalterliche Denker bekannt, der zum ersten Mal das ganze Werk des Aristoteles mit dem Christentum in Einklang zu bringen versucht hat. In der Schätzung des Aristoteles mag ihn auch die besondere Aufmerksamkeit bestärkt haben, die dieser dem Naturle-

ben entgegenbrachte. Denn Albert war ein gedankenvoller Beobachter der Natur auf verschiedenen Gebieten, wie es in zahlreichen Schriften zum Ausdruck kommt. Für seine Theologie kennzeichnend ist das Gefühl des Geheimnisvollen der Gottheit gegenüber, das sie ihm als unnennbar erscheinen läßt. Weiter betont er bei aller Anerkennung der grundsätzlichen Unterschiedlichkeit von Gott und Welt als dem Vollkommenen und Unvollkommenen die Gegenwart Gottes in allen Dingen, in der Natur wie im Menschen. Die Welt ist ihm Abbild Gottes, sie trägt Gott in sich als das Streben nach ihm, dem vollkommenen Wesen. Insbesondere die menschliche Seele ist Gott nachgebildet. So erreicht der Mensch seine Bestimmung, wenn seine Vernunft ihre Kräfte zur Schau Gottes zusammenfaßt und sein Wille im Handeln zu ihm als dem höchsten Gut emporstrebt. Albert der Große wurde der Lehrer des Klassikers der katholischen Theologie, des Thomas von Aquin, der diese Verschmelzung christlicher Gedanken mit der Philosophie des Aristoteles zur letzten Vollendung führte.

Erscheint bei diesen Denkern die Philosophie doch noch stark an das aristotelisch-christliche System des Mittelalters gebunden, so befreit sie sich mit impulsiver Kraft im Denken Meister Eckharts. Bei ihm fällt eine besondere Geistesverwandtschaft mit der von Platon bestimmten Denkweise auf, die spätere Gipfelpunkte in Plotin und dessen Schüler Proclos und weiterhin in dem erwähnten Pseudo-Dionysius-Areopagita gefunden hatte.

Er sieht die Gottheit dieser Theologie entsprechend als den über alles menschliche Denken hinausgehenden Urgrund, der in allem Sein sichtbar wird. Durch den Menschen, der den „Sohn" (Christus, das „Fünklein") bewußt in sich geboren werden läßt und sich so über alles Vergängliche zur Gottheit erhebt, wird die Rückkehr der Gottheit, die sich in der Welt zu den einzelnen Wesen zersplittert hat, zu sich selbst vollendet. Der freireligiöse

Charakter der Eckhartschen Predigt, wie sie sich unter dem Einfluß der aus Frankreich kommenden Bewegung der Brüder vom freien Geiste in seiner Straßburger Zeit ausprägte, zeigt sich vor allem darin, daß er die erlösende Kraft nicht nur von Gott dem Menschen zufließen läßt, sondern auch dem Menschen selbst eine erlösende Aufgabe zuspricht, deren Gott bedarf. Hier bricht sein stolzes Selbstbewußtsein durch. Es geht soweit, daß schließlich Christus nur noch als Schöpfungswort und Kraft der Seele von Interesse ist und der geschichtliche Jesus und sein Mittlertum ganz zur Seite geschoben werden. Wenn man zu dieser prinzipiellen Stellung noch hinzunimmt, mit welcher alle dogmatischen Dämme überflutenden Gewalt der religiöse Gedankenstrom ihn in seinen deutschen Predigten mit sich fortreißen konnte, so begreift man, daß die Kirche diesen Mann auf die Dauer in ihrem Rahmen nicht duldete.

Das war in großen Zügen, was Nikolaus an geistesverwandter Gotteserkenntnis vorfand. Was darüber hinaus an Neuem sich in seinem Werke ausspricht, ist kennzeichnend sowohl für seine Wesensart wie für das neuzeitliche Welt- und Gottempfinden, das in ihm zum ersten Durchbruch kam.

Das Hindrängen auf immer weitere Anpassung des Denkens an die letzte Wirklichkeit

Wenn wir die philosophische Grundhaltung begreifen wollen, aus der Nikolaus von Kues zu den neuen Ergebnissen seines Nachdenkens kam, stellen wir sie am besten einer anderen Richtung des Denkens gegenüber. Die Wege scheiden sich an der Frage nach letzter Wahrheitserkenntnis. Wozu ist uns, sagen die einen, die Möglichkeit gegeben, Begriffe zu bilden und Urteile zu fällen, als um sie auf alle Gebiete anzuwenden, über die es uns lockt, etwas zu erfahren? Unser Denken bleibt wahr, ob wir es nun auf einen Gegenstand der Welt richten oder auf die Gottheit, von der sie sich herleitet. So schreiten diese Denker kühn und unbeschwert über die Dinge dieser Welt hinaus zu Spekulationen über die letzten Dinge, und indem sie sich in logischem Weiterschreiten den Weg zur höchsten Höhe bahnen, dürfen sie sich des unmittelbaren und uneingeschränkten Besitzes der letzten Wahrheit erfreuen. Demgegenüber treffen wir aber auch immer wieder Denker, die dieser Art des Philosophierens die Auffassung entgegenhalten, daß unsere Begriffe den höchsten Gegenständen gegenüber versagen, und auf das Sokratische „Ich weiß, daß ich nichts weiß" zurückgehen, nicht im Sinne einer skeptischen Haltung – der Zweifel als letztes Ergebnis des Denkens bleibt immer unfruchtbar, aus ihm kann nie große Philosophie entstehen –, sondern im Sinne der Anerkennung eines letzten Geheimnisses und einer Beschränkung des Erkenntnisanspruchs. Darin besteht ja auch die große Tat des deutschen Denkers Immanuel Kant gegenüber den ihm vorangehenden metaphysischen Systemen eines Descartes und Leibniz.

Die Leistung des Kusaners für seine Zeit, ja darüber hinaus seine einzigartige Stellung in der Geschichte der Philosophie überhaupt, ist aber weiter dadurch gekennzeichnet, daß er nicht nur den naiven Wissensanspruch seiner Zeit überwindet, sondern dem letzten Geheimnis erstmalig mit einer neuen Denkmethode zu Leibe geht, die der Größe des Gegenstandes angemessener ist als die übliche Logik, die nur zum Begreifen der Dinge dieser Welt bestimmt ist. In dieser Hinsicht kann man sagen: Nikolaus von Kues hat philosophiegeschichtlich gesehen für seine Zeit nicht nur die Bedeutung, die Kant für die Neuzeit hat, sondern in seiner Leistung faßt sich zusammen, was die Entwicklung von Kant bis Hegel, der gleichfalls einen neuen Weg zur Erkenntnis des Absoluten einschlug, für das neunzehnte Jahrhundert gebracht hat. Der Grundgedanke Hegels, daß man die Widersprüche des Denkens nutzen könne, um an die absolute Wahrheit heranzukommen, sein dialektisches Denken, ist nur eine Weiterentwicklung der in der neuen Denkmethode des Kusaners lebendigen Dynamik.

Nikolaus von Kues bezeichnet in der Geschichte der Philosophie den Punkt, an dem diese aus der Dogmatik der überkommenen Begriffe von Gott auf die Dynamik des Denkens selbst zurückgeführt wird. In diesem Sinne bezeichnet er als Ausgangspunkt seiner „Docta ignorantia" die Erkenntnis, daß die Wahrheit in präziser Weise nicht erfaßt werden könne:

„Das Wesen der Dinge, das die Wahrheit allen Seins ist, ist in seiner Reinheit unerfaßbar. Zwar wird von allen Philosophen nach ihm gesucht, es kann aber von niemandem so gefunden werden, wie es ist; und je tiefer wir mit unserem Wissen in die Tatsache unserer Unwissenheit eingedrungen sind, um so mehr nähern wir uns der Wahrheit" (I, 3).

Unser Erkennen ist also nicht im Besitze der höchsten Wahrheit. Über den Vorhof gelangen wir nicht hinaus. So sagt er im selben Kapitel:

„Unser Verstand, der nicht die Wahrheit ist, begreift die Wahrheit nie so präzise, daß sie nicht unendlich präziser begriffen werden könnte. Er verhält sich zur Wahrheit wie ein Vieleck zu einem Kreis. Je mehr Winkel das erstere hat, um so mehr nähert es sich dem Kreis. Niemals fällt es mit ihm zusammen, wenn wir die Zahl der Winkel auch noch so oft vervielfachen, es sei denn, daß es sich bei einer unendlichen Zahl von Winkeln in den Kreis selbst verwandelt."

Allein schon dieser Gedanke gibt der Philosophie des Kusaners ein ausgesprochen neuzeitliches Gepräge. Wir haben hier zunächst die dynamische Auffassung der Wahrheit vor uns, wie sie im achtzehnten Jahrhundert in Lessing einen besonders eindringlichen Künder gefunden hat, der allein das Streben nach Wahrheit, aber nicht die volle Wahrheit selbst für den Menschen in Anspruch nahm. Weiterhin bahnt sich hier die Lösung eines auch heute noch nicht bezwungenen logischen Problems an. Unser Denken beansprucht Wahrheit, und dennoch stehen sich Menschen, die in gleicher Weise als logisch denkend zu bezeichnen sind, mit verschiedenen Meinungen gegenüber. Wir können oft nicht sagen, daß der eine recht, der andere unrecht habe, sondern wir empfinden, daß jeder in seiner Auffassung ein Stück Wahrheit ergriffen hat. Der Grund dafür liegt darin, daß es nicht möglich ist, die Wahrheit voll in Begriffe und Urteile zu fassen, weil diese sich zur absoluten Wahrheit verhalten wie ein Vieleck zu dem ihm umschriebenen Kreis. Wir können unser Denken verfeinern, wie wir das Vieleck vervielfältigen können, aber zu Ende können wir nie kommen. Damit hängt es auch zusammen, daß unsere Überzeugungen von unserer individuellen Eigenart abhängig sind. Weil wir immer auf dem Wege zur Wahrheit sind, müssen wir sie auch von der Stelle aus suchen, an der wir schicksalsmäßig stehen. Dieser letzte Gesichtspunkt findet seine Bestätigung in der noch zu behandelnden Betonung des individuellen Charakters allen Seins, der sich folgerichtig auch auf den menschlichen Geist und die von ihm ergriffene Wahrheit erstrecken muß, die also jeweils eine eigene Abspiegelung der absoluten Wahrheit wäre.

Unser Denken befindet sich also in einer nie zu Ende kommenden Bewegung, die ihm unerreichbare Wahrheit ist dementsprechend ihrem Wesen nach unendlich. Von der so gewonnenen Sicht aus gliedert sich der Gedankenbau des Werkes „De docta ignorantia" in drei Teile, von denen der *erste* Gott als die absolute Unendlichkeit, der *zweite* die Welt als die im Raum entfaltete Unendlichkeit, der *dritte* den Gottmenschen als den Punkt, an dem sich beide berühren, zum Gegenstand hat.

Geometrische Figuren, Symbole der Philosophie des Kusaners.

Die Einsäule in der Bibliothek des St.-Nikolaus-Hospitals.

Das Achteck des Fußes geht über in die kreisrunde Form der Säule.
Nikolaus von Kues vergleicht unsere Begriffswelt mit einem Vieleck, die letzte Wahrheit mit dem es umschreibenden Kreis. Das Vieleck kommt dem Kreis näher, je mehr Ecken es besitzt; aber immer bleibt es dem Kreis ungleich, denn dieser ist ein unendliches Vieleck.
Damit kommt ein dynamisches Element, d.h. ein Element des Strebens und Ringens in das Denken.

Demgemäß stellt er im *ersten Buch* den Leser unmittelbar vor die Frage nach Gott. Gott ist das Unendliche in seinem von der Mathematik her zu begreifenden vollen Sinne, der schlechthin jenseits aller menschlichen Begreifbarkeit liegt. Immerhin kann man sagen, daß sich in ihm alles vollendet, was für uns nur in unendlicher Annäherung gegeben ist. Während für uns alles Gegenständliche ein Mehr oder Weniger, ein Größeres oder Kleineres ist, ist Gott das schlechthin Größte. Gott ist die Vollendung alles dessen, was uns in der Welt an Steigerungsfähigem begegnet und damit das für uns absolut Unerreichbare.

Es ist nicht schwer, den Zusammenhang mit platonischen Gedankengängen zu bemerken. Für Platon ist das Göttliche die Verwirklichung des Idealen, das Zusammenfallen von Wert und Wirklichkeit und zugleich das eigentliche, volle Sein. Diese Gedanken sind auch dem Kusaner selbstverständliche Voraussetzung. Aber dadurch, daß er aus einem neuen Weltgefühl heraus die Idee der Unendlichkeit in den Mittelpunkt stellt, erfährt die platonische Grundauffassung wesentliche Wandlung. Ihm ist in Weiterführung neuplatonischer Motive das Unendliche das Vollkommene, während für Platon das Allgemeine das Vollkommene war. Die Gottesidee erhält für ihn weiter einen viel umfassenderen und zugleich einheitlicheren Charakter und tritt in eine unmittelbare Beziehung zur Welt. Für Platon selbst war das Göttliche das Reich der Begriffe und Ideale, unter denen die Idee des Guten die führende Stellung einnahm. Die Neuplatoniker hatten weiterschreitend über die Welt der Ideale die Gottheit als das Ewig-Eine gestellt und dachten sich, indem sie den Gottesgedanken des Aristoteles, der Gott als den absoluten Geist erfaßte, noch hinzunahmen, den geistigen Bau der Welt folgendermaßen: Die Gottheit, das Ewig-Eine, senkt sich zunächst gleichsam überfließend auf eine erste Stufe herab, auf der sich Gott als sich seiner selbst bewuß-

tes Wesen entfaltet, dann breitet es sich auf die Ebene des Ideenreiches aus, um sich schließlich durch Vermittlung der Weltseele in den Schöpfungen der Welt auszuwirken. Dieser Stufenbau der gradweisen Trübung des göttlichen Urlichts bis zu den Inhalten der Welt ist auch Gemeingut des mittelalterlichen Denkens gewesen, soweit es vom Neuplatonismus bestimmt war.
Dem Kusaner mußte aus seiner neuen weltverbundenen Idee der Unendlichkeit dieser kosmische Stufenbau als eine überflüssige Komplizierung des Sachverhaltes erscheinen. Indem er den neuplatonischen Begriff Gottes als des Ewig-Einen mit seinem Unendlichkeits-Gedanken verband, sah er alle Ideen in ihm münden. Es gibt also nach seiner Ansicht keinen selbständigen metaphysischen Ort mehr für das Reich der Ideen. An dem Punkte, an dem sie erfüllt sind, münden sie schon ins Unendliche. Denn das Unendliche ist nichts anderes als die Vollendung nach jeder Seite hin. Und so ist Gott die Erfüllung aller Steigerung auch nach den entgegengesetzten Richtungen.
Daraus zieht er den Schluß, daß Gott nicht nur das absolut Größte, sondern auch das absolut Kleinste sei. Damit stoßen wir in seinem Werk erstmals auf den Begriff des Zusammenfallens der Gegensätze (Coincidentia oppositorum). Er entwickelt ihn zunächst an dem allgemeinen mathematischen Beispiel des Größten und Kleinsten: „Da das absolut Größte alles, was sein kann, in absoluter Weise ist und sich derart über jeden Gegensatz erhebt, daß das Kleinste mit dem Größten zusammenfällt, steht es ebenso über aller Bejahung und Verneinung."
Der unendliche Abstand der menschlichen Erkenntniskraft von der göttlichen Wahrheit zeigt sich in ihrer gegensätzlichen Struktur. Versuchen wir uns die Art vorzustellen, in der Gott denkt, so ist sie folgendermaßen zu kennzeichnen: Es ist kein urteilsmäßiges Denken – denn im Urteil, in dem der einzelne Mensch den Gegenständen gegenübertritt, um von ihnen eine bestimmte Aussage zu

machen, sind die Gegensätze von wahr und falsch, Bejahung und Verneinung gegeben –, sondern eine reine Schau, die aber wiederum nicht dem Gegensatz von Schauen und Handeln unterworfen ist, sondern mit der Schöpfung selbst zusammenfällt; denn das Schauen Gottes ist zugleich sein Schaffen und umgekehrt. Darum ist die absolute Erkenntnis allein dem Schöpfer vorbehalten.

Es liegt in diesem Sachverhalt begründet, daß über Gott immer auch die entgegengesetzten Urteile richtig sind. Da kein Urteil ihm gerecht wird, weil es nur von einer Seite, von außen an ihn herantritt und ihn nicht zu erreichen vermag, so ist es notwendig, um überhaupt eine Ahnung von seinem Wesen zu gewinnen, daß man sich ihm auch von der entgegengesetzten Seite aus nähert.
„Es ist kein Unterschied, ob ich sage: Gott, der das absolut Größte selbst ist, ist das Licht, oder Gott ist am meisten Licht, weil er am wenigsten Licht ist."
Dies bestätigt das fünfte Kapitel, das zeigt, daß die größte Zahl keine Zahl mehr ist, da es von jeder Zahl ein Ab- oder Aufsteigen gibt:
„Das Größte ist die alles umfassende Einheit, also zugleich das Kleinste."
Wir sind also durch die Zahl dahin geführt worden, daß wir erkennen, daß dem unnennbaren Gott die absolute Einheit zukommt und daß Gott in der Weise einer ist, daß er in Wirklichkeit alles ist, was im Bereiche der Möglichkeit liegt.
Wenn er mit dem elften Kapitel auf die Geometrie übergeht, weist er grundsätzlich darauf hin, daß es sich dabei für das Suchen nach der höchsten Wahrheit um Symbole handelt, die auf das Ziel nur hinweisen, ohne es ganz treffen zu können:
„Daß wir den geistigen Dingen, die an sich von uns nicht erfaßbar sind, auf symbolische Weise auf die Spur kommen können, hat seinen Grund in dem oben Gesagten."

Welches Mittel könnte den Zweck des Sinnbildes für die Erkenntnis Gottes besser erfüllen als die Mathematik und Geometrie mit ihrer Verläßlichkeit und Bestimmtheit?

Geometrische Betrachtungen

Besonders scharf hebt er die Bedeutung der Zahl für den göttlichen wie für den menschlichen Geist hervor in seinem Buch „De coniecturis" (Über die Mutmaßungen, 1440), das er im selben Jahr wie die „Docta ignorantia" geschrieben hat. Es heißt da Kapitel I, 4:
„Wir sagen, im Geiste des Schöpfers sei das erste Vorbild der Dinge die Zahl gewesen, wie das erste Vorbild der in Ähnlichkeit mit den Dingen von uns geschaffenen Begriffswelt die Zahl unseres Verstandes ist."
Der Weg von den geometrischen Figuren zum Gottesgedanken muß in einem dreifachen Schritt vollzogen werden. Wir müssen sie zunächst nach ihrem gewöhnlichen, endlichen Formsinn betrachten (z.B. daß das Dreieck drei gerade Seiten und drei Winkel hat, die zusammen 180° betragen, daß ein Kreis eine gekrümmte Linie ist, die vom Mittelpunkt jeweils den gleichen Abstand hat, usw.). Der zweite Schritt besteht darin, daß man sich die Figur ins Unendliche erweitert denkt und überlegt, zu welchen Folgerungen man dann kommt. Drittens muß man nun die aus der ausgedehnten Unendlichkeit des Raumes gewonnene Erkenntnis auf die absolute Unendlichkeit Gottes anwenden.
„Und dann wird unsere Unwissenheit in unbegreiflicher Weise belehrt werden, wie wir, die wir noch in der Welt der Rätsel leben müssen, über das Höchste richtiger und wahrheitsgemäßer denken lernen." (I, 12).
Den Griechen galt als die vollkommene Linie der Kreis. Das entsprach ihrem gesamten nach Maß und Ausgegli-

chenheit hingewandten Weltgefühl. Nikolaus von Kues setzt dafür aus der Dynamik seines Empfindens die unendliche Gerade und von ihr ausgehend die unendliche Figur. Jede Krümmung ist ihm ein Abfall von dem, worauf es ihm hier ankommt, von dem Hinweis auf die Unendlichkeit. An diesen beiden Symbolen scheiden sich die Geister. Indem der Kusaner die unendliche Gerade zum Symbol erwählt, tut er den entscheidenden Schritt in den Geist der neuen Zeit.

Er geht, wie schon erwähnt, von der Anschauung aus, daß der unendliche Kreis mit der Geraden zusammenfällt, ein jeden Betrachter unmittelbar überzeugender Sachverhalt, ähnlich etwa dem, daß die unendliche Kugelfläche mit einer Ebene zusammenfällt. Daß weiter ein unendliches Dreieck oder Viereck mit dem unendlichen Kreis identisch wird, können wir gleichfalls hinnehmen. Denn unendliche Linien, die die Seiten des unendlichen Dreiecks wären, können sich nie schneiden, da sie sonst ja nicht unendlich wären.

Daneben verwendet der Philosoph aber auch noch eine andere Schlußfolgerung, die nur von seinem mittelalterlichen Ausgangspunkt verständlich ist. Er läßt den Radius eines Kreises sich eine Strecke weit drehen, so daß ein Kreisausschnitt, ein Dreieck, entsteht. So stellt er fest, daß schon in der endlichen Figur die Gerade die Möglichkeit zum Dreieck und weiterhin zum Kreis in sich birgt. Wenn man den Kreis um seinen Durchmesser dreht, so beschreibt er eine Kugel. So liegt also im Kreis die Möglichkeit einer Kugel. Nach seiner theologischen Überzeugung, die wir noch betrachten werden, verwirklichen sich im Unendlichen alle Möglichkeiten; so muß also im Unendlichen mit der Geraden der Kreis, mit dem Kreis die Kugel gegeben sein. Er kann daraus schließen, daß im Unendlichen Gerade, Kreis, Dreieck, Vieleck und Kugel miteinander zusammenfallen.

Abb. aus „De docta ignorantia"
Wenn wir uns einen Kreis sich vergrößernd denken, wird seine Krümmung immer flacher. Wenn der Kreis unendlich groß ist, ist er mit der geraden Linie gleich geworden. Wenn wir dies auf den Gottesgedanken übertragen, so kommen wir zum Schluß, da Gott gleichfalls das Unendliche ist, daß in ihm eins ist, was für die gewöhnliche Betrachtung verschieden und gegensätzlich erscheint. Es verhält sich in der Tat so, daß, je höher der Gesichtspunkt ist, von dem aus wir gegensätzliche Meinungen betrachten, wir das Gemeinsame an ihnen um so klarer erkennen können.

Das unendliche Dreieck im besonderen dient ihm als schönes Symbol der Dreieinigkeit, da es zwar aus drei Linien besteht, aber dennoch, mit dem unendlichen Kreis zusammenfallend, eine einfache Linie sein muß. Selbst Linie und Winkel sind in ihm eins; die Winkel des unendlichen Dreiecks sind entweder größte oder kleinste Winkel, zwei Rechte oder Null Grad. Noch ein weiterer Hinweis auf die Dreieinigkeit bietet sich: Lassen wir einen Winkel des Dreiecks bis zu vollen zwei Rechten wachsen, so ist klar, daß das Dreieck nur noch einen Winkel hat, der alle drei Winkel zugleich ist, während die drei Winkel einer geworden sind (I, 14).

Mit der Einführung des Unendlichen in die Mathematik und Geometrie bereitet der Kusaner eine neue Rechnungsart, die Infinitesimalrechnung (Differential- und Integralrechnung) vor, die zur Berechnung von Kurven und Flächeninhalten mit unendlich kleinen Größen arbeitet. Der Schritt des Philosophen ist das erste Erwachen des Weltgefühls, das sich mathematisch in der Infinitesimalrechnung dargestellt hat. Der Begriff des Unendlichen mußte erst philosophisch gewonnen werden, bevor er seine mathematische Auswertung finden konnte, die der deutsche Philosoph Leibniz (1646 bis 1716) begründet hat.

Durch seine mathematischen Beispiele bestätigt sich dem Philosophen der Grundgedanke, daß in der göttlichen Unendlichkeit alle Gegensätze eins werden. Er überträgt die „ausgefaltete" Unendlichkeit der Welt auf die „eingefaltete" Unendlichkeit der Gottheit. Die erstere wird Sinnbild und Hinweis auf die letztere. Wie die unendliche Linie die Erfüllung aller geometrischen Möglichkeiten ist, indem sie Dreieck, Kreis und Kugel in einem ist, so ist in der absoluten Unendlichkeit Gottes alles erfüllt, was in der irdischen Wirklichkeit nur Möglichkeit ist. Gott enthält also nicht nur alles, was in der Welt Wirklichkeit gewinnt, in sich wie der Same die Pflanze, sondern dar-

über hinaus unendlich viele Möglichkeiten, die sich in der Welt nicht verwirklichen. Er ist unendlich viel reicher als die Welt.
Das Endliche ist in jeder Hinsicht eine beschränkte Darstellung des Unendlichen. Die endliche Strecke birgt noch etwas von der unendlichen Linie in sich, weil sie noch immer ins Unendliche teilbar ist. Ihr Wesen, die unendliche Linie, ist in allen Strecken das Gleiche, aber jeweils in eigener Weise eingeschränkt. So ist Gott in allen Geschöpfen als der allen gemeinsame Wesensgrund, doch so, daß alle in verschiedener Weise an ihm teilhaben. Daraus folgt nun, „daß es keine zwei Dinge geben kann, die ganz gleich sind und entsprechend in genau dergleichen Weise an dem Wesensgrund teilhaben."
In diesen Ausführungen zeigt sich der Kusaner wiederum als bahnbrechender Philosoph. Es spricht der Geist der italienischen Renaissance, der im ausgehenden Mittelalter das Individuum mit seinem Eigenwert entdeckte. Hier ist die Stelle, an der der Kusaner das Recht des Individuellen auch in der Philosophie anmeldet und damit einen Akkord anschlägt, der im künftigen europäischen Denken in bedeutungsvoller Weise ausgewertet wird. Wieder ist es Leibniz, der diese Idee aufgreift und in den Mittelpunkt seines Denkens stellt. In den beiden bahnbrechenden Gedanken, dem des Unendlichen wie dem des Individuellen, befreit sich ein Wesenszug des abendländischen Geistes.
Die Übertragung der Idee des unendlichen Kreises auf die Gottheit macht diese in ihrer Einheit besonders deutlich. Wie der Kreis als unendliche Figur ein vollkommen einfaches Ganzes ist, so ist die Gottheit dies in unbedingter Weise. Alle Verschiedenheit ist in ihr Identität. Dies gilt von der zeitlichen wie von der räumlichen Ausdehnung. Auch Vergangenheit, Gegenwart und Zukunft sind vor der Gottheit wie zu einem unendlichen Kreis emporgehoben; vor seiner Ewigkeit sind Anfang und Ende eins geworden.

Der Durchmesser des unendlichen Kreises muß weiterhin gleichfalls ein unendlicher Kreis sein. Da der unendliche Kreis alles umfaßt, so fällt der Durchmesser mit dem Kreis zusammen, und es ist klar, daß dann auch der Mittelpunkt mit dem Kreis selbst eins wird. Das unendlich Große ist also von hier aus gesehen identisch mit dem unendlich Kleinen, dem Punkt.

„Du siehst, wie das Größte in seiner Ganzheit als unendlicher Mittelpunkt in allem auf vollkommenste Weise einfach und unteilbar ist, als unendlicher Umfang von außen alles umfangen hält und als unendlicher Durchmesser alles durchdringt. Es ist als Mittelpunkt der Anfang aller Dinge, als Umfang das Ende aller Dinge, als Durchmesser die Mitte aller Dinge."

In diesem Zusammenhang wird der erwähnte Gedanke besonders begreiflich, daß in Gott alle Ideale miteinander zusammenfließen, daß in ihm z.B. die höchste Gerechtigkeit die höchste Wahrheit und die höchste Wahrheit die höchste Gerechtigkeit wird.

Schließlich lassen sich auch aus der Idee der unendlichen Kugel als der umfassendsten Figur Gedanken über Gott ableiten.

Länge, Breite und Tiefe, der Umfang und der Durchmesser fallen in eins zusammen. Die Kugel ist die höchste Verwirklichung all dessen, das in den anderen Figuren angelegt ist, und so das schönste Bild für die Vollkommenheit und unendliche Möglichkeit Gottes. Alle Bewegung ist in ihm, und er ist in aller Bewegung, und in seiner Unendlichkeit ist jede Bewegung Ruhe; ist er doch die Ursache, das Endziel und das Maß aller Bewegungen. Es ist die Idee, der Goethe die folgenden Worte verliehen hat:

„Wenn im Unendlichen dasselbe
sich wiederholend ewig fließt,
das tausendfältige Gewölbe
sich kräftig ineinander schließt,

> strömt Lebenslust aus allen Dingen,
> dem kleinsten wie dem größten Stern,
> und alles Drängen, alles Ringen,
> ist ewige Ruh' in Gott dem Herrn."

Entsprechend seinem Gedanken, daß man die Gottheit von entgegengesetzten Seiten her suchen müsse, weil sie der Punkt ist, in dem alle Wege sich treffen, erkennt er beide Wege der Theologie an, den bejahenden, der sich Gott durch Bestimmung seiner Eigenschaft zu nähern sucht, wie den verneinenden, der Gott nur dadurch nahezukommen glaubt, daß er alles verneint, was man über ihn sagen könnte.

Bezüglich der bejahenden Theologie müssen wir uns darüber klar sein, daß alle direkten Bezeichnungen, die wir Gott beilegen, hinter seinem unendlichen Wesen zurückbleiben müssen. „Denn solche werden ihm nach einer Eigenschaft der Kreaturen beigelegt" (I, 24). Darum ist die Einheit Gottes etwas anderes als die Einheit, die irgendeinem Gegenstand zugesprochen wird. Denn hier steht die Einheit der Mehrheit oder Vielheit gegenüber, dort steht sie über allem Gegensatz;

„denn wer könnte die unendliche Einheit begreifen, die ins Unendliche allem Gegensatz vorangeht, wo alles ohne Zusammensetzung in Einfachheit miteinander vereinigt ist, wo nichts anderes oder Verschiedenes ist, wo der Mensch sich nicht vom Löwen, der Himmel sich nicht von der Erde unterscheidet und wo dennoch alle wahrhaft sind, nicht in ihrer Endlichkeit, sondern verschmolzen in der Einheit des Unendlichen."

Das Wort des Johann Scheffler:

> „Gott hat nicht Unterschied, es ist ihm
> alles ein:
> er machet sich so viel der Flieg'
> als Dir gemein."

erfährt hier seine klare philosophische Begründung. Da jede Kreatur Gott ist, nur nach einer besonderen Weise eingeschränkt, so sind sie alle gleich, sobald man sich die Schranken wegdenkt und sie betrachtet, wie sie in Gott sind, sobald man durch ihre Kreatürlichkeit hindurch blickt und nun die Gottheit selber erkennt.

Die Nähe zur deutschen Mystik

Immer wieder kommt der Philosoph auf die Idee der Dreieinigkeit zu sprechen. Er weiß, daß sich gerade in diesem Begriff sein Weg von der Tradition trennt. Denn er ist für ihn mit der Welt so eng verbunden, daß er erst dadurch Sinn bekommt, daß sich Gott in der Welt schaffend betätigt. Besonders deutlich ist hier die Verwandtschaft mit Meister Eckhart zu erkennen. Es lohnt sich sehr, hier etwas weiter auszuholen. Auch dieser war schon, wie wir ausgeführt haben, bestrebt, Gott mit der Welt aufs engste zu verbinden. Das war ihm von den amtlichen Vertretern der Kirche am meisten verübelt worden. Die drei ersten Sätze der Bulle, in der einst im Jahre 1329 bald nach dem Tode Eckharts dessen theologische Auffassungen verdammt wurden, beziehen sich auf das Verhältnis Gottes zur Welt. Es heißt da:

„1. Einst befragt, warum Gott die Welt nicht früher geschaffen habe, gab er damals wie auch jetzt noch die Antwort, daß Gott nicht früher die Welt habe erschaffen können, weil nichts wirken kann, bevor es ist. Sobald also Gott war, schuf er auch die Welt.
2. Desgleichen kann zugegeben werden, daß die Welt von Ewigkeit her gewesen ist.
3. Desgleichen: Zugleich und auf einmal, da Gott ward, da er seinen gleich ihm ewigen Sohn als ihm völlig gleichen Gott zeugte, schuf er auch die Welt."

Das ist genau die Stellung, die auch der Kusaner einnimmt, wenn er I, 24 sagt:
„Wenn man daher genauer nachdenkt, so heißt: Der Vater erzeugt den Sohn, nichts anderes als: Er schafft alles im Worte." (Im Schöpfungswort, das als der Sohn betrachtet wird.)...
„Gott ist also Vater, weil er die Gleichheit der Einheit gezeugt hat, er ist Heiliger Geist, weil er die Liebe beider ist, alles dies im Hinblick auf die Kreatur. Denn die Kreatur beginnt damit, daß Gott Vater ist; damit, daß der Sohn ist, wird sie vollendet; damit, daß der Heilige Geist ist, steht sie im Einklang mit der Ordnung aller Dinge. So sind jedem Einzelding die Spuren der Dreieinigkeit aufgeprägt."
Nikolaus hat gewiß selbst um diese Idee schwer gerungen, da sie doch durch eine päpstliche Bulle verdammt war, und konnte schließlich nicht anders, als Meister Eckhart in Schutz zu nehmen, da er seiner seelischen Verwandtschaft entsprechend nicht anders zu denken vermochte.

Die Sammlung der Schriften Meister Eckharts, die sich in seiner Bibliothek befinden, besaß er seit dem Jahr 1440. Er hat sie im Laufe der Zeit wohl mehrfach durchgearbeitet und mit Bemerkungen versehen. Ohne Zweifel hatte er schon vorher Schriften Eckharts gelesen und, weil er dessen außergewöhnliche Bedeutung erkannt hatte, sie eigens für seinen Gebrauch abschreiben lassen. Es ist anzunehmen, daß ihm schon zur Zeit der Abfassung der „Docta ignorantia" die Sätze nicht unbekannt gewesen sein mögen, die der Verdammung durch den Papst anheimfielen. Er wird auch bei Abfassung dieses Kapitels an Eckhart gedacht haben. Es ist dies um so wahrscheinlicher, als die Gegenüberstellung des Menschen mit dem Löwen in einem ähnlichen Sinne in einer Betrachtung Meister Eckharts vorkommt, die er vier Jahre später mit in seine Sammlung von dessen Schriften hat aufnehmen lassen. Ein absoluter Nachweis läßt sich indes nicht führen. Sollte der Kusaner damals die Schriften Eckharts nicht gekannt haben, so würde die Übereinstimmung der Gedanken die gemeinsame denkerische Gesinnung nur um so schlagender erweisen.

In späteren Jahren hat sich Nikolaus noch mehrfach mit den Gedanken Eckharts beschäftigt. Dies geht einerseits aus den erwähnten kritischen Randbemerkungen hervor. Im Hinblick auf das Verdammungsdekret Johanns XXII. schreibt er neben den vom Papst verdammten Satz zwei das Wort „Cave" (sei auf der Hut), was er offenbar nicht in dem Sinne versteht, daß der Meister in Gefahr sei, sich zu verirren, sondern daß der Satz insofern gefährlich sei, als er von Unberufenen leicht als ketzerisch mißdeutet werden könne.

Außerdem besitzen wir Predigten, in denen der Kusaner auf Eckhartsche Sätze zurückgriff. So findet sich in einer am ersten Januar 1455 in Brixen aufgezeichneten Predigt der Satz: „Es scheint, daß die Welt, obgleich durch ihn geworden, doch immer gewesen ist, wie der Strahl immer war, solange die Sonne war, obgleich er von der Sonne stammt." Am stärksten beschäftigten ihn die Gedanken Eckharts in einer Predigt vom sechsten Januar 1456, wo es unter anderem heißt: „Man kann sagen: weil Gott die Ewigkeit selbst ist, insofern von ihm die Zeit ist, so ist und war auch die zeitliche Welt immer, und zwar von Ewigkeit, nämlich von Gott."

Der Gedanke der Ewigkeit der Welt ist für Nikolaus einerseits nichts anderes als die zeitliche Parallele zu seinem räumlichen Unendlichkeitsbegriff, andererseits steht er mit Eckhart im Einverständnis, wenn er die Dreieinigkeit nicht als einen vom Weltgeschehen getrennten Zustand auffaßt, sondern als das Werkzeug einer ewigen Weltschöpfung erkennt. Erst durch die Weltschöpfung kann Gott in der Dreieinigkeit lebendig werden. Mit der Schöpfung der Kreatur geht die Zeugung des Sohnes einher; dieser ist sozusagen die Vorlage, nach der Gott schafft, während der Heilige Geist die Kraft ist, die die Verbindung des Sohnes mit dem Vater und damit auch des Geschöpfes mit dem Schöpfer und der Geschöpfe untereinander aufrechterhält. Ohne die Welt hat also die Dreieinigkeit Gottes, ja die Idee Gottes selbst keinen Sinn.

Diese Auffassung steht im Gegensatz zu dem Glauben an eine einmalige Weltschöpfung. Im alttestamentlichen Mythos von der Erschaffung der Welt in sechs Tagen und besonders scharf ausgeprägt in der späteren philosophischen Theorie des Deismus, wonach Gott nach der Schöpfung die Welt sich selbst überlassen habe, erscheint Gottes Schöpfungswerk von der menschlichen Erfahrung losgelöst und in eine ferne Vergangenheit gerückt. Demgegenüber offenbart der Glaube an die Ewigkeit der Schöpfung eine unmittelbar empfundene Nähe der Gottheit. Man weiß sich mit dem, was man draußen sieht und in sich selbst erlebt, mitten in dem Wunder des göttlichen Schöpfungswerkes selbst. Diese Überzeugung tritt in Eckharts Ablehnung der einmaligen Schöpfung schon klar hervor und erhält in Nikolaus von Kues' philosophischem Werk noch eine besondere Betonung.

Neben die bejahende Gottesbetrachtung muß die verneinende treten, „weil ohne sie Gott nicht als unendlicher Gott verehrt würde, sondern eher als Geschöpf. Eine solche Verehrung, die dem Bilde erweist, was nur der Wahrheit zukommt, ist Götzendienst" (I, 26). Über die Gottheit kann nichts ausgesagt werden, als daß sie unendlich ist. Dies ist ja auch der Ausgangspunkt des wissenden Nichtswissens. Angesichts dieser Unendlichkeit schränken sich alle Behauptungen dadurch ein, daß immer auch das Gegenteil gesagt werden kann, wobei allerdings das Wesen Gottes besser getroffen wird, wenn vom Vollkommeneren im bejahenden Sinne, vom Unvollkommeneren im verneinenden Sinne gesprochen wird. So erhält die

Idee der Vereinigung der Gegensätze doch wieder eine klare Richtung.

Läßt sich für die hier entwickelten Gedanken eine schönere Zusammenfassung denken als Goethes Prooemion? Man wird fast jedes Wort dieses Gedichtes im Werk des Kusaners belegen können:

> „Im Namen dessen, der sich selbst erschuf
> von Ewigkeit in schaffendem Beruf;
> in seinem Namen, der den Glauben schafft,
> Vertrauen, Liebe, Tätigkeit und Kraft;
> in jenes Namen, der, so oft genannt,
> dem Wesen nach blieb immer unbekannt:
>
> So weit das Ohr, soweit das Auge reicht,
> du findest nur Bekanntes, das ihm gleicht,
> und deines Geistes höchster Feuerflug,
> hat schon am Gleichnis, hat am Bild genug;
> es zieht dich an, es reißt dich heiter fort,
> und wo du wandelst, schmückt sich Weg und Ort.
> Du zählst nicht mehr, berechnest keine Zeit,
> und jeder Schritt ist Unermeßlichkeit."

Die überraschende Gleichheit der Goetheschen Gedanken mit der Philosophie des Kusaners geht nicht nur auf ihre Geistesverwandtschaft als solche zurück, sondern weist auf einen kulturgeschichtlichen Zusammenhang hin. Goethe hat bei der Bildung seiner religiösen Weltschau den griechischen Denker Plotin und besonders Giordano Bruno stark auf sich wirken lassen. Jenem aber verdankt der Kusaner wesentliche Gedanken seiner Philosophie, dieser hat den Gedanken der Unendlichkeit und anderer religiöser Ideen von ihm übernommen. So fließt ein Strom des Geistes von ihm durch Vermittlung des italienischen Denkers in die schönsten und tiefsten Gedankendichtungen unseres Volkes ein.

Ein Urvertrauen in die menschliche Vernunft

Das *zweite Buch* wendet sich von der Betrachtung der Gottheit als der absoluten, eingefalteten Unendlichkeit zur räumlich ausgefalteten Unendlichkeit des Universums. Auch das erste Buch hat mit seinen geometrischen Erörterungen die räumliche Unendlichkeit behandelt, doch nur als Sinnbild und Übergang zur göttlichen Unendlichkeit. In diesem Buch wird jene erst zum eigentlichen Gegenstand. Und wie er im ersten Buch vom mathematischen und geometrischen Unendlichen zur göttlichen Unendlichkeit emporstieg, so geht er jetzt vom Göttlichen aus, um von ihm auf das Wesen des Weltalls Schlüsse zu ziehen. Dringt damit zunächst auch unvermeidlich viel Mittelalterliches in die Betrachtung ein, so begegnen uns doch schon im ersten Kapitel Gedanken, die einen neuen Geist erkennen lassen. Sie gipfeln in der Weiterführung der Idee des Individuellen. Da zwei verschiedene Dinge oder Bewegungen nicht absolut gleich sein können – absolute Gleichheit kommt ja nur dem Unendlichen zu –, so kann man mit einem mathematischen Schema an sie nicht herantreten. Die Mathematik vermag den Dingen, die einen individuellen Charakter haben, nicht auf den Grund zu kommen.

Wir sehen hier die Weiterentwicklung der organischen Auffassung der Weltvorgänge, die auf Aristoteles zurückgeht und als deren klassischer Vertreter in der Neuzeit wiederum Goethe gilt, unter dessen Einfluß sie sich erst in den letzten Jahrzehnten in der Naturwissenschaft wieder durchgesetzt hat. Auch auf den individuellen Charakter der menschlichen Vernunfterkenntnis wird in diesem Zusammenhang ausdrücklich hingewiesen:

„Darum ist niemand in irgendeiner Hinsicht einem anderen gleich, weder in der Sinnesempfindung noch in der Vorstellung, noch in der Vernunft, noch im Handeln oder im Schreiben oder in der Malerei oder sonstigen Kunst."

Jedes Geschöpf ist als eigene Beschränkung des Göttlichen endliche Unendlichkeit oder geschaffener Gott und als solcher in sich vollkommen, mag es auch, verglichen mit anderem, weniger vollkommen erscheinen. Wir würden heute in diesem Sinne sagen: Jedes Geschöpf ist ein Wurf der göttlichen Schöpfungskraft nach dem Vollkommenen hin, ein Ausgleich der Kräfte, die durch das Gesetz der Vererbung und die Beschaffenheit der Umwelt gegeben sind. Jedes Geschöpf hat diesen Ausgleich von dem Punkte aus zu vollziehen, an den es das Schicksal gestellt hat, ohne weiter zu fragen. Darin liegt der Sinn des Lebens. In schöner Form gibt der Kusaner diesem Gedanken auf seine Weise Ausdruck am Schluß von II, 2:
„Da Gott unterschiedslos und neidlos schenkt, und es so entgegengenommen wird, als ob es nicht anders und auch keinem anderen in der Form zugeteilt werden könnte, ruht alles Geschaffene in seiner Vollendung, die ihm vom göttlichen Sein so freigebig zuteil wird, in dem es mit keinem anderen Geschaffenen tauschen möchte, wenn dies auch vollkommener erscheinen könnte; es liebt vielmehr vor allem das, was es vom Höchsten besitzt als ein göttliches Geschenk, das es zu hüten und zu wahren bestrebt ist."
Gott ist so in allen Dingen und Geschöpfen wie der Punkt in der Linie, die Gegenwart in der Zeit; die Vielheit der Dinge geht aus dem göttlichen Geist hervor, wie die Vielheit der Zahlen aus dem menschlichen Geist (II, 3). Das Universum aber, das Weltall, das alle Vielheit der Dinge in sich enthält, ist als Ganzes wieder ein Abbild der göttlichen Unendlichkeit, in seiner Unendlichkeit dadurch beschränkt, daß es aus Endlichem besteht, in seiner Einheit, daß es vieles in sich enthält, in seiner Wirklichkeit, daß es vieles nicht erfüllt, was möglich wäre, während die göttliche Unendlichkeit alles in einer unserem Verstande unbegreiflichen Ungeschiedenheit in sich vereinigt. Im Universum ist die Gottheit eingeschränkt da-

durch, daß sie in die erfaßbare Wirklichkeit eingetreten ist. In den einzelnen Geschöpfen ist das Universum selbst wieder eingeschränkt. Man kann so die Teilhabe der einzelnen Dinge und Wesen an Gott auffassen, als durch es vermittelt, ebenso wie Gott durch dessen Vermittlung in allen Dingen lebt (II, 4).
Das ganze Universum findet in jedem Wesen eine besondere Darstellung. Es ist in jedem Ding eine besondere Möglichkeit des Göttlichen herausgegriffen, ein Teil dessen, was im Weltall zur Darstellung gekommen ist. So wie der ganze Mensch in seinem Auge oder in seinem Fuß in eingeschränkter Weise wirklich ist, so das Universum wieder im Menschen wie in irgendeinem anderen Geschöpf. Der Mensch – wie irgendein anderes Wesen – in seiner Absolutheit aufgefaßt, ist Gott, der universale Mensch in seiner Welthaftigkeit ist das Universum selbst (II, 5).
In diesem Zusammenhang verfolgt er noch einmal besonders die Frage, die die mittelalterliche Philosophie aufs tiefste beschäftigt hat, ob die Allgemeinbegriffe, wie Gattungs- und Artbegriffe, der Auffassung Platons entsprechend als besondere Wesenheiten bestünden oder nach der des Aristoteles nur in den Individuen Wirklichkeit hätten. In dieser Frage läßt ihn sein gesunder Wirklichkeitssinn sich in der Nachfolge Plotins auf die Seite des Aristoteles stellen. Inmitten dieser mittelalterlichen Fragestellung fällt ein Gedanke auf, in wenigen Sätzen ausgesprochen, der bei aller Kürze eine weitreichende philosophische Zukunft in sich birgt. Die Sätze lauten:
„Darum sind die Allgemeinbegriffe, die die Vernunft aus dem Vergleich gewinnt, ein Abbild der den Dingen innewohnenden und in ihnen Wirklichkeit gewordenen Allgemeinbegriffe. Sie sind in der Vernunft schon wirklich, bevor sie sie durch den Akt des Erkennens in äußeren Zeichen entfaltet, worin ihre eigentliche Tätigkeit besteht. Denn nichts kann sie erkennen, was nicht schon

vorher konkret in ihr ist. Im Erkennen also entfaltet sie durch Zeichen und Sinnbilder ein Abbild der Welt, die in ihr selbst schon konkret enthalten ist."

Wir haben in diesen Worten, die wiederum von Gedanken ausgehen, die im Zusammenhang der Philosophie Plotins erscheinen, die Keimzelle der deutschen idealistischen Philosophie vor uns. Die Vernunft trägt die Gesetze der Welt in sich und entfaltet aus sich selbst ihr Erkennen. Es ist kein weiter Weg mehr von hier bis zu den Monaden des Leibniz, den vernunftbegabten Individuen, die das Bild der Welt schon in sich tragen und ihr Erkennen aus einem unbewußten Besitz zum klaren Bewußtsein bringen. Wir sehen aber wieder bei Leibniz den Ausgangspunkt für Kants kritischen Grundgedanken, daß es die reinen Verstandesbegriffe sind, mit denen der Verstand sich die Welt gestaltet. Diese Idee von der welterzeugenden Tätigkeit der Vernunft wird in höchstem Radikalismus bei Fichte und Hegel verkündet, die aus der Vernunft selbst den ganzen Weltzusammenhang ableiten. Die schon bei Nikolaus angelegte Idee vom unendlichen Fortschreiten des Geistes und von der Wahrheit als der Überwindung der Gegensätze erfüllt sich in Hegels dialektischer Methode, derzufolge die Vernunft durch den Widerspruch stets zu höherer Wahrheit emporgehoben wird und in dem ewigen Aufstieg durch Setzung, Gegensetzung und Vereinigung der Gegensätze[1] die der Welt zugrundeliegende „Dreieinigkeit" offenbart.

Das Schöpferische in der Welt

Auf dem Weg zu dieser Durchdringung des Weltzusammenhangs ist es wiederum die Idee der Dreieinigkeit in ihrer philosophischen Form, die ihm grundlegende Er-

---

1) These, Antithese, Synthese. (Anm. d. Hrsg.)

kenntnisse vermittelt. Gott als Vater ist die Gottheit, noch vor der Schöpfung betrachtet, sie ist die unendliche, noch in sich ruhende Einheit, die aber die Möglichkeit zu allem in sich enthält. In der Möglichkeit zu werden liegt nach alten philosophischen Überlieferungen ein Unbefriedigtsein, ein Streben nach Erfüllung dieser Sehnsucht und zugleich die Eignung dazu zugrunde.

Diese Eignung des Möglichen muß sich als beschränkt erwiesen haben. Es war nur zum Teil geeignet, Welt zu werden, und die einzelnen Dinge und Wesen dieser Welt sind in ihrer Besonderheit aus den Schranken zu erklären, die der Möglichkeit bei der Schöpfung zu ihrem Eintritt ins Dasein gesetzt sind. Diese aus Gott-Vater kommende Möglichkeit ist gleichsam das Material, aus dem sich die Welt aufbaut (II, 8).

Sie kann jedoch erst ins Dasein treten, wenn das Material die entsprechende Form findet. Das Schöpfungswort, nach dem Johannes-Evangelium der Sohn, ist nichts anderes als die Formkraft, die das in der Möglichkeit gegebene Material zu den einzelnen Dingen gestaltet. Es ist die Weltseele, von der die Platoniker allerdings meinten, sie sei eine besondere, für sich bestehende Wesenheit zwischen Gott und der Welt. Seiner Neigung, zwischen Gott und Welt nichts bestehen zu lassen, kommt hier die christliche Formung des Gottgedankens entgegen. So verschmilzt er die Weltseele der Gottheit selbst als deren zweite Person, wie er auch das Reich der Ideen unmittelbar in diese einfließen läßt (II, 9).

Das Zusammenkommen von Form und Material, von Weltseele und Möglichkeit zur Schöpfung der wirklichen Welt, setzt nun drittens ein gegenseitiges Sich-Anziehen voraus, das Verlangen des Materials, zur Form emporzusteigen, geformt zu werden, das Verlangen der Form, sich zum Material herabzusenken, Material für seine gestaltende Tätigkeit zu finden. Das bezeichnet Nikolaus als den Heiligen Geist. Und so entsteht aus dem Auf- und

Niedersteigen eine Bewegung, die beide verbindet, das Bindeglied zwischen Möglichkeit und Wirklichkeit, weil aus der Möglichkeit als dem Beweglichen und aus der Form als dem Beweger das Mittlere, das Bewegen selbst, hervorgeht. So ist alle verbindende Bewegung, alle vereinigende Harmonie in der absoluten Verbindung des göttlichen Geistes begründet. Alles geht auf den einen Urgrund zurück, der als dreieiniger Gott die Schöpfung der Welt vollzieht (II, 10). Unwillkürlich denken wir an die Faust-Worte:

> „Wie alles sich zum ganzen webt,
> eins in dem andern wirkt und lebt!
> Wie Himmelskräfte auf- und niedersteigen
> und sich die goldnen Eimer reichen!
> Mit segenduftenden Schwingen
> vom Himmel durch die Erde dringen,
> harmonisch all' das All durchklingen."

Alle Bewegung der Welt geht aus dieser Tätigkeit des Geistes hervor. Es gibt demzufolge keine absolute Ruhe. Diese ist allein in Gott und fällt mit der absoluten Bewegung zusammen. Daher kann es in der Welt nichts geben, was sich nicht bewegt, so wie alle Bewegung gleich den Dingen selbst ihre eigene Form hat.

Aus diesen philosophischen Erkenntnissen zieht er nun die Folgerungen über den Bau des Weltalls, mit denen er, weit über seine Zeit hinausgehend, das neuzeitliche Weltbild vorbereitet.

Da die Welt unendlich ist, kann sie weder Umfang noch Mittelpunkt haben, die Erde kann also nicht ihr Mittelpunkt sein. Dieser ist allein in Gott, in dem auch allein die absolute Ruhe sein kann. Da es in der Welt keine vollkommene Form geben kann, gibt es weder eine genaue Kreisbewegung noch eine vollkommene Kugel. Kein Gestirn beschreibt einen genauen Kreislauf, kein Gestirn ist absolut kugelförmig. Diesem Gesetz untersteht auch die Erde. Sie bewegt sich, da das Vollkommene nur bei Gott ist, in einem ungenauen, kleinen Kreis um den Pol der Welt (II, 11). (Wir beobachten hier, wie seine neue Idee mit dem alten Weltbild nicht immer erfolgreich ringt.) In Wahrheit ist also nach seiner Überzeugung die Erde in Bewegung, obwohl dies uns nicht so erscheint. Alle Bewegung ist relativ, eine Beobachtung, die offenbar schon auf seine Knabenzeit zurückgeht.

„Wenn nämlich jemand nicht wüßte, daß das Wasser fließt, und er die Ufer nicht sähe, wie sollte er, wenn sein Schiff sich mitten im Strom befände, verstehen, daß das Schiff sich bewege" (II, 12).

Die Erde kann wie alle Gestirne nicht genau kugelförmig sein. Es ist überhaupt abwegig, der Erde in bezug auf die anderen Gestirne eine Sonderstellung zuzusprechen. Sie ist nicht, wie man behauptet, der geringste und von Gott am weitesten entfernte Stern. Auch ihre dunkle Farbe ist dafür kein Beweis. Nikolaus nimmt an, daß z.B. auch die auf der Sonne befindlichen Wesen die Sonne als dunkel empfinden, da erst die äußere Lichthülle bei den Sternen die Leuchtkraft entfalte, die sie uns hell erscheinen lasse. Die Erde nimmt auch bezüglich ihrer Größe eine mittlere Stellung ein; sie ist z.B. größer als der Mond und der Merkur. Sie wird auch nicht einseitig von den anderen Gestirnen beeinflußt, sondern übt auch ihrerseits Einflüsse aus, da die Gestirne wechselseitig aufeinander wirken. Es ist auch nicht anzunehmen, daß andere Gestirne insofern bevorzugt sind, als sie Wesen von höherer Vollkommenheit beherbergen wie die irdischen Geschöpfe, wenn jene auch eine andere Wesensart haben werden.

Wunderbar ist die Harmonie, mit der sich die Dinge der Welt untereinander bewegen. Mathematik und Geometrie bilden die Grundlinien, nach denen Gott die Welt aufgebaut hat. Musik offenbart sich im Rhythmus von Auflösung und Vereinigung, in der ewigen Umwandlung der

Elemente. Voll Bewunderung schaut er zum Schöpfer empor, der im unnahbaren Lichte wohnt und dennoch im wissenden Nichtwissen uns sich eröffnet als der Grund unseres Wesens. „Sieh du, sagt unsere weise Unwissenheit, daß du dich in ihm findest; und, da alle Dinge in ihm er selbst sind, wird ihr nichts fehlen können" (II, 13).

Die kosmische „Schau" des Kusaners bietet uns als bahnbrechende wissenschaftliche Leistung ein merkwürdiges Bild. Er hat von dem, was Kopernikus im folgenden Jahrhundert entdecken sollte, vom Bau des Sonnensystems, keine Ahnung. Er forscht nicht aufgrund genauer Beobachtung, sondern er überträgt lediglich seine philosophischen Grundgedanken auf den Weltzusammenhang. Diese aber sind einem neuen Weltgefühl entsprungen, dem die Wissenschaft und Zukunft gehört. Und darum überfliegt er in vieler Hinsicht weit das neue Weltbild, das Kopernikus durch seine astronomischen Forschungen erkundet hat.
Kopernikus hält die Welt für endlich, abgeschlossen durch den Fixsternhimmel, der Kusaner weiß, daß mit ihr das Universum nicht abgeschlossen sein kann; jener hält die Sonne für den Mittelpunkt der Welt, dieser weiß, daß die Welt keinen Mittelpunkt haben kann; jener hält die Bewegungen der Gestirne für kreisförmig, dieser weiß, daß sie ungenau sein müssen; jener glaubt, daß alle Gestirne, auch die Fixsterne, ihr Licht durch die Sonne erhalten, dieser spricht ihnen ihr eigenes Licht zu. Jeder von ihnen geht von einer bestimmten, von der ihm zugeteilten Seite an die Erforschung der Himmelsvorgänge heran. Von zwei Seiten tastet sich der zum neuen Weltgefühl vorstoßende Geist an die Frage heran, bis er dann in einem dritten genialen Denker die Vereinigung der durch jene geleisteten Erkenntnisse, den endgültigen Durchbruch vollzieht, in dem italienischen Denker Giordano Bruno, der die mittelalterliche Vorstellung von der die Fixsterne

tragenden Himmelskugel endgültig zerbricht und die Fixsterne als Sonnen erkennt, die, wie auch unser Sonnensystem, im unendlichen Weltall schweben.

Der Mensch – eine Welt im Kleinen

Mit dem *zweiten Buche* ist die Schrift „De docta ignorantia" in ihrer Bedeutung für uns Heutige im wesentlichen abgeschlossen. Der *dritte Teil* stellt die Gestalt Christi in der durch die mittelalterliche Glaubenswelt gegebenen Form in den Zusammenhang ein. Nikolaus zeigt sich auch hier als ein Philosoph des Überganges. Wir empfinden von unserer heutigen Sicht aus, daß eigentlich in seiner Weltbetrachtung kein Raum mehr dafür vorhanden sei, ist doch nach seiner Auffassung in der Welt nur Relatives und Unvollkommenes möglich:
„Wie die göttliche Natur, die die absolut größte ist, nicht vermindert werden kann, um eine endliche und welthaft beschränkte Natur anzunehmen, so kann auch die welthafte Natur von ihrer Beschränktheit nicht gelöst werden, um eine durchaus absolute Natur anzunehmen" (III, 1).
So wenig, sollte man meinen, wie kein Gestirn eine vollkommene Kugel sei oder einen vollkommenen Kreis beschreiben könne, sei ein vollkommener Mensch denkbar. Nun ist es aber ein selbstverständliches Element des mittelalterlichen Denkens, über das auch der Kusaner nicht hinaustritt, daß Gott in Christus Mensch geworden ist. Wenn er nun die Gestalt Jesu in sein Gedankensystem einbaut, so müssen wir ihm zugestehen, daß er sie in einer Weise auswertet, die doch auch wieder als Vollendung seiner Gott- und Weltschau erscheinen darf.
Verglichen mit der Welt als der Unendlichkeit könnte man im Sinne der Kusanischen Gedanken Jesus Christus die Unendlichkeit im Sinne der geistigen und sittlichen

Vollendung nennen. Wie der unendliche Charakter der Geraden in der unendlichen Kugel mündet und schließlich absolut gesetzt in Gott umschlägt, so mündet das nicht zu Ende kommende Vernunftstreben des Menschen im vollkommenen Menschen Jesus, dessen Gestalt aus dem Weltsein in die Gottheit übergeht. Er ist das absolut und welthaft Größte (III, Vorwort).
Ein solches höchstes Welthaftes ist möglich. Es müßte seine Eigenschaft als Höchstes ganz aus seiner göttlichen Natur besitzen. Trotzdem wäre es eine wunderbare Verbindung, die mehr als alles andere über die menschliche Auffassungskraft hinausginge (III, 2). Wenn es aber einen Punkt gibt, an dem das Welthafte und das Göttliche sich miteinander berühren, so kann dies nur der Mensch sein. „Die menschliche Natur ist die, die über alle Werke Gottes erhoben ist, und steht nur wenig unter den Engeln. Sie faßt die geistige und sinnliche Natur zusammen und birgt alle Dinge in sich, so daß sie von den Alten mit Recht Mikrokosmos oder kleine Welt genannt wird."
Im Menschen liegt die Erfüllung dessen, was in allen Dingen und Wesen angelegt ist. Er ist das qualitativ Größte und tritt so als notwendiger Gipfelpunkt dem quantitativ Größten, der Welt, gegenüber. Nur ein Mensch könnte daher als absolut vollkommenes Wesen Gott gleich sein. Es wäre der Mensch, in dem die höchste Geisteskraft, die dem Menschen verliehen ist, zu restloser Herrschaft über die Sinnlichkeit und den Verstand gelangt wäre, in den, um mit einem kantischen Ausdruck zu sprechen, die theoretische und praktische Vernunft aus dem bloßen welthaften Streben zur göttlichen Erfüllung gekommen wäre. Da aber die Gleichheit mit Gott der Sohn und das Schöpfungswort ist, so müßte dieser vollkommene Mensch zugleich die zweite Person der Trinität sein. Wenn wir Gott dem Kreis vergleichen, den Menschen, dem dem Kreis eingeschriebenen Vieleck, so wäre Jesus das Vieleck mit unendlichen vielen Ecken, das mit

dem Kreis zusammenfiele (III, 4). Aus der Stellung, die auf diese Weise Jesus Christus eingeräumt wird, ergeben sich nun weiterhin alle mittelalterlich-christlichen Vorstellungen über ihn. Die Vereinigung aber, durch die die Menschen zur gläubigen Hingabe an Christus hingeleitet werden, ist die Kirche. Sie „bedeutet die Einheit der vielen unter Wahrung der persönlichen Geistigkeit eines jeden und ohne Verwischung der verschiedenen Naturen und Vollkommenheitsgrade." In ihr hat der Geist Gottes, der Heilige Geist, irdische Formen angenommen, um die Menschen zu ihrem letzten Zweck, zur Vollkommenheit, hinzuleiten, „daß in allen nur allein noch Gott erscheine" (III, 12).

Der Kusaner zieht in diesem *dritten Buch*, nachdem er in den beiden ersten einen Querschnitt durch alles Denkbare getan hat, im Rahmen der mittelalterlichen Glaubenswelt auch einen Längsschnitt, indem er eine Darstellung des Weltlaufes gibt. Gewiß ist zu sagen, daß er hier in mancher Hinsicht hinter Meister Eckhart zurückbleibt, der sich in seinen Straßburger Predigten von der geschichtlichen Erscheinung Jesu Christi und seinem Mittlertum gelöst hatte. Doch muß man berücksichtigen, daß Eckhart dies nicht in einem systematischen Zusammenhang getan hat. In einem solchen war eine andere Behandlung im Mittelalter nicht denkbar.

Entfernen wir das spezifisch Mittelalterliche aus diesen Gedankengängen, so bleibt die Christusidee im Eckhartschen Sinne, der Gedanke an das Göttliche, das ein jeder in sich trägt und herauszuarbeiten hat:

> „Vor jedem steht ein Bild des, was er werden soll;
> so lang er das nicht ist, ist nicht sein Friede voll."
> *Friedrich Rückert*

Es ist für uns nicht mehr möglich uns vorzustellen, daß dieser wesenhafte Kern menschlichen Lebens zu irgendeiner Zeit durch einen Menschen, Jesus Christus, zu reiner Darstellung gekommen sei und in der auf ihn gegründeten Kirche die Institution finde, die berufen sei, diesen Kern in allen Menschen zu befreien. Dennoch aber müssen wir dem Kusaner zugestehen, daß die Höher- und Weiterentwicklung des Menschen eines neuen Erziehungsparadigmas bedarf. In dieser Richtung wird eine Kulturgemeinschaft unter anderem auch durch den Hinweis auf Menschen wirken, in denen die Idee des Menschlichen sich in vollkommenster Weise dargestellt hat, in denen mit anderen Worten der Weltwille am reinsten zur Erscheinung gekommen ist und die sich durch höchste Opfer bewährt haben. In der Tat kann ein solcher Mensch, der die Kräfte des Menschlichen in vollkommenster Weise in sich vereinigt, von anderen derart in sich aufgenommen werden, daß sie wie in ihn verwandelt sind und er in ihnen wirklich lebt und handelt, ohne daß sie, wie Nikolaus im Hinblick auf Christus betont, ihre persönliche Eigenart verlieren. Diese Begeisterung und Erhebung durch das Beispiel großer Menschen wird stets in besonderer Weise Gegenstand der Aufmerksamkeit der Erziehung sein. Auch dieses *dritte Buch* steht, so verstanden, nicht unwürdig neben den zukunftweisenden und bahnbrechenden Gedanken des Gesamtwerkes.

Nach vollendeter Arbeit, gehoben durch das Bewußtsein, eine geistige Leistung von einem Wahrheitsgehalt vollbracht zu haben, wie er noch niemals in Erscheinung gekommen war, konnte Nikolaus von Kues sich nun wieder mit neuer Kraft und neuem Schwung den praktischen Aufgaben widmen, die seiner harrten.

IV
Der Kardinal und Bischof

Vertiefung der grundlegenden Gedanken

Nachdem Nikolaus sich zur Ansicht bekehrt hatte, daß nur ein autoritatives Regiment der Kirche und damit dem Volke den Frieden bringen könne, dessen sie bedurften, hatte er sich mit ganzer Seele für die Sache des Papstes eingesetzt. Seine Aufgabe wurde es nun auch für die nächsten Jahre, die Autorität des Papstes in Deutschland nach all den Verfallserscheinungen der letzten Jahrzehnte gegenüber der immer erbitterter kämpfenden Konzilpartei neu zu festigen. Mit kühnem Kampfmut und unermüdlichem Eifer erschien er in Deutschland auf Reichstagen und Kirchenversammlungen, auch wo er allein stand, um seine Stimme für die Sache Eugens IV. zu erheben; den „Herkules" der Eugenianer nannte ihn sein Freund Enea Silvio Piccolomini.

Er machte manchen durch seine sachliche, in die Tiefe gehende Beweisführung und durch seine überzeugende Rede in seiner Gegnerschaft gegen den Papst wankend. Daß in Florenz gegen den Papst die Einigung mit der griechischen Delegation geglückt war, gab der Sache Eugens starken Auftrieb. Als sich später erwies, daß die Mehrheit der Geistlichkeit des Ostens die Vereinbarungen ihrer Vertreter mit dem Papst nicht anerkannte, hatte sich die Stellung des Papstes bereits gefestigt. Die Aufstellung eines Gegenpapstes schien allerdings dem Basler Konzil wiederum eine stärkere Machtstellung zu verschaffen. Schließlich sah Nikolaus nach langem Hin und Her doch die Frucht seiner Arbeit reifen. Kaiser Friedrich III. neigte sich mehr und mehr der Sache des Papstes zu, weil er in ihm eine Stütze gegenüber den Reichsfürsten erblickte. Die Zeiten des Machtkampfes zwischen Papst und Kaiser waren vorbei. An seine Stelle trat das Ringen, das den Papst und den Kaiser auf der einen und die aufstrebenden Fürsten auf der anderen Seite sah.

Auf den Kaiser hatte zunächst Cesarini bei seinem Aufenthalt in Österreich in dieser Richtung eingewirkt, dann hatte sich der Sekretär des ersteren, Enea Silvio Piccolomini, früher ein führender Teilnehmer des Basler Konzils, der spätere Papst Pius II., von der inneren Überlegenheit der päpstlichen Partei überzeugt und ein positives Verhältnis zwischen Papst und Kaiser vermittelt. So hatte Eugen IV. noch vor seinem Tode die Befriedigung, daß der Kaiser sich im Jahre 1447 öffentlich auf seine Seite stellte und damit entscheidend zur Beendigung des langen Kampfes im Sinne des Papstes beitrug. Unter seinem Nachfolger, Nikolaus V., einem gelehrten Humanisten, fand der Streit durch die Auflösung des Basler Konzils und die Abdankung des Gegenpapstes bald seinen endgültigen Abschluß.

Neben den vielfältigen praktischen Aufgaben, die sich dem Kusaner im Hinblick auf die Festigung der Kirche stellten, zog es ihn immer wieder in die Stille der Versenkung, in die Tiefen letzten Wissens. Gewiß hatte er in seinem Werk „De docta ignorantia" den ganzen Bereich seiner Gedankenwelt beschritten, aber von Zeit zu Zeit überkam ihn immer wieder das Verlangen, sich den Geheimnissen, die sich hinter den Worten 'Welt', 'Mensch', 'Gott' verbergen, von einer neuen Seite zu nähern und ihnen Gedankengänge zu widmen, die über den Rahmen einer Predigt hinausgingen. So schrieb er fünf Jahre später drei Schriften um Gott, in denen er dessen Verborgenheit und Überlegenheit über alle Begriffe nochmals herausstellte, dann aber den Weg zu ihm wies, als zu dem, der in unserer Vernunft sein lebendigstes Gleichnis besitzt. Auf den bösen Angriff eines Heidelberger Professors, der ihn Eckhartscher Ketzerei bezichtigte, schrieb er 1449 eine Verteidigung seiner „De docta ignorantia".[1)]

---

1) Cusanus antwortete in seiner „Apologia doctae ignorantiae discipuli ad discipulum" in der literarischen Form eines Schülerbriefes (Anm. d. Hrsg., zit. n. Gestrich)

Das folgende Jahr aber brachte wieder einen bedeutsamen Wurf, eine tiefschürfende Gedankenarbeit in einem aus vier Teilen bestehenden Werk, das er als Gedanken eines Laien über die Weisheit (erstes und zweites Buch [Idiota de sapientia], über den Geist [De mente] und über Versuche mit der Waage [De staticis experimentis]) zusammenfaßte. Der Schulphilosophie, wie sie in dem Angriff des Professors Wenck aus Heidelberg gegen ihn zum Ausdruck gekommen war, stellte er eine unmittelbar auf das freie Nachdenken gestellte Philosophie entgegen.
Die von ihm hier zum Ausdruck gebrachte Gesinnung steht in Parallele zu der Haltung, die in den deutschen Predigten Meister Eckharts in Erscheinung tritt. Dieser kehrt dort, nachdem er sich zur Beherrschung der gesamten mittelalterlichen Philosophie durchgearbeitet hat, zum Ursprünglichen zurück, indem er in deutscher Sprache zum Volke und aus ihm heraus spricht, unbelastet durch die theologische Dogmatik und Begriffskunst. Neben dem Neubeginn im Unmittelbaren, der jeder großen philosophischen Schöpfung vorangeht, ist hier die Neigung unverkennbar, auch dem einfachen Menschen – nicht erst dem Priester und Gelehrten – das Recht freien Denkens und die Möglichkeit innerer Wahrheit zuzusprechen, die unmittelbarer sein kann als die, die eine künftige Theologie und ein sich auf die Offenbarung berufendes Priestertum zu geben vermag.
In den beiden Büchern über die Weisheit vertieft er an Hand dieser Idee die Gedanken, die er schon in der „Docta ignorantia" ausgeführt hat. Die Gottheit erscheint in ihrer Unendlichkeit, wenn auch für jedes menschliche Maß unmeßbar, als das Maß aller Dinge, als das höchste Vorbild und der Wesensgrund unserer Vernunft. Als göttliche Weisheit ist Gott schöpferisch der Welt verbunden, denn die Weisheit ist das Schöpfungswort, der Sohn – wie der Heilige Geist die alles verbindende Macht in der Welt ist. In Gott münden alle Idealbegriffe; sie erfüllen sich erst da,

wo es kein Mehr oder Weniger gibt, da sind sie aber nicht mehr verschieden, sondern sie sind eins geworden.

Das Buch über den Geist ist das erkenntnistheoretisch tiefste, was der Kusaner geschrieben hat. Es stellt eine weitere Ausführung seiner Gedanken über das Wesen des menschlichen Geistes dar. Man kann sagen, daß die hier ausgeführten Zusammenhänge über Leibniz schon auf Kants Kritik der reinen Vernunft hinweisen. Der menschliche Geist ist Abbild des göttlichen Geistes. Wie Gott die Vielheit der Dinge schafft, so schafft der Geist die Vielheit seiner Begriffe. Bei der Entfaltung der menschlichen Geisteswelt ist das Zusammenwirken zweier Faktoren festzustellen. Einerseits müssen sinnliche Vorstellungen von außen her auf ihn wirken. Doch durch sie könnte keine Erkenntnis entstehen, wenn nicht der Geist durch seine gottähnliche Urteilskraft sie in seine Erkenntniswelt umsetzen könnte. Indem der Geist ein Urteil fällt, bringt er die von Gott stammende, ihm ganz unabhängig von der Welt eigene Idee an sein Erleben heran.

Am klarsten zeigt sich dieser Sachverhalt in der Mathematik. Durch die sinnliche Beobachtung wird in ihm z.B. die Idee des Kreises geweckt, den es jedoch in der Wirklichkeit nicht gibt. Ein vollkommener Kreis existiert nicht in der Welt, wohl aber in der menschlichen Vernunft. Indem der Geist nun urteilt, setzt er den Gegenstand in Beziehung zu der in ihm liegenden reinen Vernunft. Mit dieser Fähigkeit offenbart sich der Geist als Abbild der göttlichen Dreieinigkeit, in der zur Einheit zusammengefaltet ist, was sich im Erkennen entfaltet: Einheit, Gleichheit und Verknüpfung (im Urteil: Satzgegenstand, Aussagebegriff und Verbindung).

In einer seiner späteren Schriften, die er der Bewegungslehre widmet, „De ludo globi" (Über das Globusspiel, 1463), finden wir die maßgebende Bedeutung der menschlichen Vernunft so gewendet, daß Gott zwar den Dingen ihr Dasein gegeben habe, daß er aber den vernünftigen

Geist geschaffen habe, um an die Dinge einen Wertmaßstab anlegen zu können.

„Wenn also Gott seinem Werke Wert verleihen wollte, so mußte er unter anderem auch die Welt des vernünftigen Geistes schaffen."

Der Geist gelangt auf seine höchste Höhe, wenn er die Gegenstände so tief durchdringt, daß er die hinter ihnen stehende Gleichheit des göttlichen Ursprungs erkennt: „Dort ist der Geist am Ende aller seiner Begriffe angelangt und ruht in seligem Entzücken in der höchsten Wahrheit aus, die seinem Leben erreichbar ist und über die nie zureichend gesprochen werden kann."

Hatte er sich in den beiden ersten Büchern hauptsächlich mit dem Verhältnis der Welt zu Gott, im dritten mit dem des Menschen zu Gott beschäftigt, so machte er im vierten Buch (De staticis experimentis) die Welt als solche zum Gegenstand des Nachdenkens. Es ist für seine wegweisende, im Gegensatz zur mittelalterlichen Scholastik alles auf die Erfahrung stellende Geistigkeit in hohem Maße kennzeichnend, daß er dieser Gesamtüberschau seines Wissens ein rein naturwissenschaftliches Kapitel anfügt, ohne daß er noch selbst im Besitze des Wissens sein konnte, das uns Heutigen die Naturwissenschaft in vieler Hinsicht so grundlegend erscheinen läßt, erweist er schon durch ihre Einbeziehung in den vielleicht tiefsten Grundriß seiner Philosophie sein unbeirrbares Gefühl für die kommende Entwicklung. Die Einzelkenntnisse, von denen er ausgeht, reichen allerdings naturgemäß nicht über den mittelalterlichen Erfahrungskreis hinaus. Es wird in jener Zeit noch nicht mit der uns heute selbstverständlichen wissenschaftlichen Genauigkeit experimentiert. Aber als Programm tritt uns diese heutige Auffassung bei ihm erstmals entgegen. Man darf sich nicht verwundern, sondern muß die Richtung des Forschens selbst beobachten, wenn man Sätze liest, wie:

„Wenn man Holz gewogen hat, und nachdem man es verbrannt hat, die Asche wägt, weiß man, wieviel Wasser in dem Holz war." oder: „Die Elemente werden schrittweise eins ins andere verwandelt. Das können wir an einem in den Schnee gestellten Glas beobachten. Luft wird im Glas zu Wasser verdichtet, das wir im Glas dann flüssig vorfinden."
Entscheidend ist demgegenüber der Grundgedanke der Untersuchungen. Wir haben gesehen, in welchem Maße ihm die Mathematik Weg zur Wahrheit ist. Sie leitet ihn auch in der Erforschung der Naturgesetze. Aus diesem Grundgedanken heraus ist ihm die Waage das gegebene Erkenntnismittel, mit dessen Hilfe er alle rein gefühlsmäßige und willkürliche Naturbetrachtung überwinden will. Die Waage dient dabei einem doppelten Zweck: Erstens soll durch Aufstellung einer Tabelle der spezifischen Gewichte aller Stoffe dem Arzt, dem Biologen, dem Mineralogen, dem Astronomen fruchtbare Forschungsarbeit auf exakter Grundlage ermöglicht werden. Zweitens kann durch die Waage die Zeitdauer bestimmt werden, indem man das Wasser, das aus der Öffnung eines Behälters während eines zu untersuchenden Vorganges herausfließt, wiegt.
Weiterhin finden wir Vorschläge zur Herstellung eines Hygrometers (zur Messung der Luftfeuchtigkeit), eines Maßes für die Geschwindigkeit eines Schiffes und für die Tiefe eines Wassers. Eine spätere mechanistische Naturauffassung hätte dabei von seiner Vorsicht hinsichtlich der Exaktheit unseres Erfahrungswissens lernen können. In dem einzigen Satz der Schrift, in dem er seine Philosophie andeutet, heißt es:
„Obwohl nichts in dieser Welt die Genauigkeit zu erreichen vermag, so erfahren wir dennoch, daß wir weiterkommen, wenn wir die Waage in Anspruch nehmen."

Haben wir bei der Betrachtung der „Docta ignorantia" erwähnt, daß er der Anschauung vorgearbeitet hat, die das Geschehen als organisches Werden ansieht, so können wir diese Beobachtung nun in seinem Sinne durch die Feststellung erweitern: Beides, die mechanistische wie die organistische Betrachtungsweise, ist nutzbar zu machen; eine Auffassung, die genau dem heutigen Stand der Naturwissenschaft entspricht. Die letzte Wahrheit würde seiner Anschauung gemäß den uns unerreichbaren, aber stets anzustrebenden Punkt bezeichnen, an dem beide entgegengesetzten Erkenntnismethoden zusammenfielen.

Sein ungemein lebendiges Interesse für die Naturzusammenhänge und seine aufs Praktische gerichtete Kombinationsgabe haben ihn übrigens auf den verschiedensten Gebieten immer wieder Anregungen geben lassen. Auf dem Konzil zu Basel schon legte er aufgrund astronomischer Beobachtungen einen Vorschlag zur Kalenderreform vor. Aus seinen Landvermessungen, die er auf seinen Amtsreisen vornahm, entstand die erste zuverlässige Karte des deutschen Raumes, die mit Hilfe eines geometrischen Liniennetzes gezeichnet worden ist. Genau ein Jahr vor der Entdeckung Amerikas, also schon nach dem Tode des Kardinals, erschien, in Kupfer gestochen, seine Weltkarte. Sie bedeutete einen gewaltigen Fortschritt der geographischen Wissenschaft.

Die Schriften des „Laien" waren wie ein tiefes Atemholen, eine innere Sammlung für die große Aufgabe, die es im kommenden Jahr zu erfüllen galt. In Anerkennung seines vorbildlichen Einsatzes verlieh der neue Papst dem Kusaner den Kardinalstitel und betraute ihn zugleich mit einer außerordentlichen Aufgabe: Jetzt, nachdem der Kampf um die Festigung der päpstlichen Autorität beendet war, sollte die Arbeit an der Reinigung und Befriedung der kirchlichen Verhältnisse in Deutschland und den umliegenden Ländern aufgenommen werden. Damit wurde Nikolaus von Kues beauftragt und zu diesem Zweck mit höchsten Machtbefugnissen ausgerüstet. Er hatte das Recht, auf eigene Verantwortung örtliche Kirchenversammlungen einzuberufen, in denen er im Auftrag des Papstes den Vorsitz führte, lokale kirchliche Ordnungen festzusetzen, Kirchenstrafen zu verhängen und zu erlassen, Klöster zu besichtigen und zu reformieren sowie Unwürdige abzusetzen.

Eine Aufgabe, wie sie größer nicht gedacht werden könnte, war dem Schiffersohn aus Kues übertragen worden: Die innere Erneuerung seines Vaterlandes aus dem Geiste echter Gottverbundenheit. Nicht vor ihm und nicht nach ihm hat in der deutschen Geschichte ein Mann unter dem Zeichen der Religion eine solche umfassende Arbeit leisten dürfen. Meister Eckharts Wirksamkeit während seiner Tätigkeit in Deutschland beschränkte sich auf den Dominikanerorden, Luthers revolutionärer Berufung war die zusammenfassende Einwirkung auf das deutsche Volk nicht vergönnt. Sie leitete eine Übergangszeit der Glaubensspaltung ein, deren Überwindung erst Aufgabe einer kommenden Zeit sein wird.

Mit der ihm eigenen organisatorischen Überlegenheit, mit seinem Blick für die Forderungen der Lage und seinem ernsten Verantwortungsgefühl, das ihn nichts versäumen und Güte und Gerechtigkeit immer sorgsam gegeneinander abwägen ließ, ging er an die Ausführung seines hohen Auftrages.

Und er wußte, daß die Befriedung des kirchlichen Lebens nicht ohne Härten herbeigeführt werden könne. Nichts konnte ihn mehr aufbringen, als die Veräußerlichung der Religion, ihr Mißbrauch zugunsten selbstsüchtiger, materieller Interessen, eine in solchem Sinne geübte Gebetspraxis, der Aberglaube und die auf ihn gegründete Ausbeutung des Volkes. Sein wissenschaftlich bestimmter Geist war von Natur aller Magie, Wahrsagerei, Astrologie

und ähnlichen okkultistischen Erscheinungen feind. Da konnte ihn selbst seine so oft bewährte Selbstbeherrschung verlassen. So warf er einem einsiedlerischen Mönch, der als Wundermann die Massen an sich zu ziehen wußte und eben dabei war, aus den ihm zugeflossenen Gaben eine neue Kirche bauen zu lassen, in höchstem Zorne die gehamsterten Lebensmittel zu Boden. Ohne Rücksicht auf Feindschaften, die er sich zuzog, griff er ein, wo sich unter dem Deckmantel klösterlicher Frömmigkeit Wohlleben und Laster breitmachten, wo in priesterlichen Ämtern Heuchelei und Bestechung sich eingeschlichen hatten. Zugleich suchte er durch soziale Maßnahmen das Lebensrecht der einfachen Leute gegenüber den hohen Forderungen der Notare und Anwälte zu sichern. Hinsichtlich der kirchlichen Gebräuche war er seiner Weltanschauung gemäß von großer Weitherzigkeit. Er verwarf das starre Schema und liebte es, das Brauchtum im einzelnen aus der Volksseele wachsen zu lassen, getreu seiner philosophischen Ansicht, daß alles Irdische individuell verschieden sein müsse. Politische Spannungen zwischen Klerus und weltlicher Obrigkeit legte er mit diplomatischem Geschick bei.
Über ein Jahr, vom 31. Dezember 1450 bis zum März 1452, dauerte diese Tätigkeit, aus der ihm der Beiname „Engel des Friedens" erwuchs. Er durfte sich mit dem Bewußtsein, eine segensreiche Leistung ganz im Sinne seiner auf Ausgleich der Gegensätze gerichteten Lebensanschauung für sein Volk vollbracht zu haben, einer neuen Tätigkeit zuwenden. Schon vorher hatte ihn der Papst zum Bischof von Brixen in Tirol ernannt. Nun zog er nach vollendeter Reformarbeit in sein Bistum ein. Der Papst hatte dies Amt gerade ihm übertragen, weil er voraussah, daß nur eine außergewöhnliche Kraft die Verhältnisse werde meistern können. Sie lagen in Wirklichkeit so, daß sie im Sinne der Kirche überhaupt keine Lösung zuließen. Für Nikolaus war diese Zeit, nach der

großen Fahrt durch Deutschland, die bitterste Prüfung seines Lebens, eine unerschöpfliche Quelle von Ärgernissen und Kämpfen gegen zähe Widerstände in diesem kleinen Kreis. Wie nichts anderes ist hier die innere Tragik seiner Lage und damit seiner ganzen Zeit offenbar geworden.

Der Konflikt mit dem Herzog

Es gibt Lebenslagen, in denen wir auch beim besten Willen und heißestem Bemühen nicht zum Ziele kommen. Dies ist oft ein Zeichen dafür, daß an unserer Stellung und an unserem Wollen etwas nicht in Ordnung ist, daß es mit dem Schöpfungswillen der Zeit und des Ortes nicht in der Übereinstimmung steht, die für ein zweckvolles Wirken unerläßlich ist. Meist vermag der Mensch diese Problematik seiner Lage nicht bis zu ihren tiefsten Wurzeln zu durchschauen. Erst späteren Zeiten ist die Erkenntnis davon zugänglich, was Seitenweg oder Gegenstrom und gerade Zielrichtung war.
In seinem Bistum herrschten unerquickliche Zustände. Die Priester entbehrten der notwendigen Bildungsvoraussetzungen und setzten sich über die grundlegenden Forderungen ihres Amtes hinweg, die Klöster kannten zum Teil ihre eigene Regel nicht und führten ihr Leben nach Willkür.
Der neue Bischof ging wie immer mit Umsicht und vollstem Einsatz an seine Aufgabe heran. Es gelang ihm allmählich, in den meisten Fällen den Widerstand durch Zuspruch und Strenge zu überwinden. Einzelne wenige Klöster bedurften der Strenge nicht, und es bildete sich dort ein schönes Vertrauensverhältnis zu dem Bischof.

Aber eine unheilvolle Kampfstimmung bestand von seiten des Herzogs Sigismund von Tirol, der einen einheimischen Priester als Bischof vorgeschlagen hatte und den Landfremden von vornherein mit Mißtrauen betrachtete. Der Kampf selbst begann mit der Auflehnung der Nonnen des Klosters Sonnenburg, die dem Tiroler Adel entstammten und unter der Äbtissin Verena von Stuben ein ungebundenes, regelwidriges Leben führten. Die Äbtissin benutzte einen Streitfall um eine Viehweide dazu, den Schutz des Herzogs anzurufen, um auf diese Weise sich den vom Bischof geforderten Reformen zu entziehen. Dieser unerquickliche Streit enthüllte den Gegensatz zu dem Herzog in seiner ganzen Gefährlichkeit. Der Kardinal konnte mit Hilfe alter Verträge, die er in den Archiven fand, seine Auffassung belegen, daß das Verhältnis der Grafen von Tirol zu den Bischöfen von Brixen ursprünglich ein völlig anderes gewesen sei, als es der Praxis der letzten Zeit entsprach. Die Hoheits- und Besitzrechte des Bischofs gingen weit über die Verhältnisse hinaus, die unter dem Vorgänger des Kusaners bestanden hatten. Langsam hatten die Grafen von Tirol ihre Machtsphäre gegenüber dem Bischof erweitert und ihn schließlich nur noch als eine Art Kaplan betrachtet. Der damit gegebene Gegensatz mußte natürlich sofort aufflammen, sobald ein Bischof die verbrieften Rechte seines Bistums wieder in Geltung zu setzen suchte.

An sich war Nikolaus gewiß bereit, einen gerechten Ausgleich herbeizuführen, aber die Entwicklung trieb, wenn er es irgend ernst mit der Verfechtung der kirchlichen Rechte meinte, nach der entgegengesetzten Richtung.

Der Rückgang des kirchlichen Territorialbesitzes zugunsten des Landesfürsten war auf die Dauer nicht mehr aufzuhalten. Der Angriff des Herzogs gegen die bischöfliche Macht war ein erster Vorstoß dieses neuen geschichtlichen Faktors, der später in der Reformation zu großer Auswirkung gelangen sollte. Der Versuch des

Bischofs, sich dem Rad in die Speichen zu werfen, mußte scheitern. Er stand in diesem durch ein starkes Zusammengehörigkeitsgefühl bestimmten Volksstamm nicht nur als ein Landfremder, sondern als Vertreter einer Macht, die im Grunde dem Volk zuwider war. Warum sollte sich z.B. eine Gemeinschaft, die sich aus unverheirateten Frauen des Tiroler Adels zusammensetzte, nicht am gesellschaftlichen Leben des Landes beteiligen? Daß die orientalische Klosterregel ein Fremdkörper war, fühlten die adeligen Damen von Sonnenburg nicht ohne Recht. Das Kloster war aus den Geldern des Landes errichtet, man nahm im Lande keinen Anstoß an ihrem Leben. Warum sollte man einer fremden Macht das Recht der Bevormundung einräumen?

Der Herzog nahm sich, draufgängerisch wie er war, ihrer Sache an, und so wurde der zunächst schlummernde Interessengegensatz zu offener Feindseligkeit geschürt. Der Bischof bemühte sich, ein erträgliches Verhältnis zum Herzog zu finden, und hatte trotz aller Schwierigkeiten zunächst Erfolg. Da aber brach ein allgemeiner Aufruhr gegen ihn aus, als er einen Neffen in das bischöfliche Kapitel hatte wählen lassen. War schon seine eigene Wahl als ein Unrecht gegen einen Einheimischen empfunden worden, so erschien diese weitere Aufnahme eines Landfremden in eine führende Stellung den Tirolern als eine unerhörte Zurücksetzung. Einige Domherren, die sich in ungehöriger Weise der Wahl widersetzt hatten, waren von ihm ihres Amtes enthoben und exkommuniziert worden. Während der Bischof die Messe las, schlugen sie an die Türen des Domes eine Anklageschrift beleidigenden Inhalts an, und einer von ihnen stellte ihn in der Kirche selbst am Ausgang des Chors und las mit lauter Stimme den Inhalt des Anschlages vor. Vor die Synode zu Brixen zitiert, stand der Täter, ein einheimischer Adeliger, rückhaltlos zu seiner Tat und lehnte die Anerkennung der über ihn verhängten Exkommunikation mit der Begründung ab, daß er eine Beschwerde an den Papst gerichtet habe.

Es gelang ihm und seinen Genossen im Verein mit Verena von Stuben, in den adeligen Kreisen Tirols die äußerste Erbitterung gegen den Bischof zu schüren. Diese böse Lage des letzteren benutzte der Herzog, um die Zusicherungen von ihm zu erlangen, die ihm bisher vorenthalten worden waren. Als Inhaber der gesamten weltlichen Macht wäre er bereit gewesen, den Bischof zu schützen und den inneren Frieden zu sichern. Als der Kardinal zu einer Aussprache mit ihm zusammentraf, erfuhr er, daß er alle umliegenden Straßen durch Wachen und Kavalleriepatrouillen besetzen ließ. Die Aussprache war freundschaftlich, verlief aber ohne Resultat. Der Herzog wollte ihn noch festhalten und spielte offenbar mit dem Gedanken, ihn mit Gewalt gefügig zu machen. Auf seinen Protest hin ließ er ihn jedoch ziehen. Mit knapper Not entging der Bischof der Gefahr, unterwegs überfallen zu werden. Er verweilte deshalb nicht in Brixen, sondern zog sich auf ein Hoheitsgebiet seines Bistums an der Grenze Italiens zurück. Er nahm Wohnung in der Burg Andraz, einer einsamen Grenzfeste, überragt von den Gipfeln der Alpen. Hier glaubte er in Erfahrung gebracht zu haben, daß nicht ohne Mitwissen des Herzogs ein Anschlag auf sein Leben vorbereitet worden war.

Auf die Nachricht von den Vorgängen und der gefährlichen Lage, in der sich der Kardinal befand, lud ihn der Papst ein, bis zur Beilegung des Streites nach Italien zu kommen. Doch Nikolaus war nicht der Mann, einer Gefahr auszuweichen, und war fest entschlossen, seine Sache so oder so zu Ende zu führen. Durch seine Kenntnis der gegen ihn gerichteten Anschläge hatte er eine moralische Waffe in der Hand, die er zu nutzen gedachte. Er berief sein bischöfliches Kapitel zu einer Sitzung und gab Anweisungen, die an Deutlichkeit nichts zu wünschen übrigließen: Sigismund sehe in seinem Bischof und den

Domherren seine Untergebenen und sei der Meinung, daß sie froh sein könnten, von ihm als seine Diener und Kapläne betrachtet zu werden. Der Fehler liege bei den Bischöfen, die bisher um der Sicherheit ihrer Personen willen sich zu einer Umkehrung der gesetzlich geordneten Verhältnisse hergegeben hätten, indem sie den Herzogen von Tirol den Treueid geleistet hätten, den sie selbst von Rechts wegen hätten fordern müssen.

„Was mich betrifft", rief er aus, „der ich durch den Heiligen Stuhl dem Herzog zum Trotz hierher entsandt worden bin, habe ich es immer abgelehnt, diesem Mann den Eid zu leisten, den er mehrmals von mir gefordert hat; ich habe mir in allen Dingen, die geistlicher Art sind, die Freiheit gewahrt. Daraus, daß ich mich seinen rechtswidrigen Wünschen widersetzt habe, hat er den Schluß gezogen, daß die Kirche nunmehr seinen jetzigen Machtansprüchen entgegentreten werde. Deshalb hat er den Plan gefaßt, sich meiner zu entledigen, selbst um den Preis einer Befleckung seiner Ehre. Ich werde mein Ziel nicht weniger entschieden verfolgen, denn niemals sind die Verhältnisse so günstige gewesen wie gegenwärtig. Das Unrecht, das mir angetan worden ist, wird mir zweifellos die Hilfe aller Freunde der Gerechtigkeit und die des Heiligen Stuhles zuziehen; die weltlichen Fürsten werden nicht hindern können, daß ich das ganze Eisacktal als Hoheitsgebiet in Anspruch nehme, dessen Besitz ich für notwendig halte, um mir die Freiheit in der Ausübung meines geistlichen Amtes zu sichern."

Der Herzog hatte die unmittelbare militärische Macht, der Bischof konnte sich auf den Papst und, wie er hoffte, auch auf den Kaiser stützen. Er wußte das Recht auf seiner Seite und drohte, das Interdikt über das Land verhängen zu lassen, das Verbot aller geistlichen Handlungen, wenn es bis zu einem bestimmten Zeitpunkt nicht zur Wiederherstellung des Friedens gekommen sei, eine Drohung, die allerdings wieder beim Klerus, der gewohnt war, seine

Direktiven vom Herzog entgegenzunehmen, eine ungeheure Erregung hervorrief.

Der Widerstand der Äbtissin Verena erstieg in jener Zeit begreiflicherweise seine höchste Höhe. Sie hatte eine Schar von Söldnern geworben, um, wie sie der Herzogin in Abwesenheit ihres Gatten sagen ließ, die Sorge für ihre Sicherheit selbst in die Hand nehmen zu können. Mit Hilfe ihrer Söldnertruppe ließ sie von den Einwohnern des Embergtals die Steuern, die sie im Widerspruch mit den Ansprüchen des Bischofs forderte, gewaltsam eintreiben. Die Bauern setzten sich zur Wehr und schlugen die Mehrzahl der Söldner tot. Bei einer weiteren Gegenaktion wurden die Nonnen aus ihrem Kloster vertrieben. Als der Herzog nach seiner Rückkehr von diesen Vorgängen hörte, geriet er in maßlosen Zorn. Hatten sich doch die Nonnen unter seinen Schutz gestellt. Er gab Befehl, sie mit bewaffneter Macht wieder in ihr Kloster zurückzuführen. Die Drohung mit dem Interdikt stachelte seinen Widerstandswillen nur noch mehr auf. Die Lage hatte sich bis zum äußersten zugespitzt.

Doch eine längere Abwesenheit des Herzogs machte die Vermittlungsarbeit der Herzogin und des Bischofs von Trient möglich und brachte schließlich doch eine Beilegung des Streites zustande. Nikolaus hatte sich bereit erklärt, die Sache dem Papst und dem Kaiser zur Entscheidung vorzulegen. Doch das war nicht mehr nötig. Nach der Rückkehr des Herzogs kam es zu einer Zusammenkunft mit ihm, die eine Beilegung des Konfliktes mit sich brachte. Im Laufe des folgenden Jahres (1459) verließ Verena nach siebenjährigem Widerstand endgültig den Schauplatz, und auch die übrigen Differenzen fanden ihre Erledigung.

Gregor Heimburg

Der Kardinal war inzwischen einem Rufe seines Freundes Enea Silvio Piccolomini gefolgt, der als Papst Pius II. ihn im Januar 1459 zum Generalvikar von Rom ernannte. Als dieser für längere Zeit abwesend war, gab er ihm alle Vollmachten, die Stadt und den Kirchenstab zu verwalten und zu reformieren und auch im übrigen Italien nach dem Rechten zu sehen. Der Kardinal erledigte diesen Auftrag mit demselben Eifer und demselben Erfolg, mit dem er auch seine deutsche Reformaufgabe erfüllt hatte.

Pius II. betrachtete es als seine große geschichtliche Aufgabe, das Abendland zum Widerstand gegen die immer weiter vordringenden Türken zusammenzuschließen. In dieser Absicht hatte er schon im Oktober des Jahres 1458 die deutschen Fürsten zu einer Zusammenkunft nach Mantua eingeladen und bei dieser Gelegenheit dem Herzog von Tirol, an dessen Erziehung er seinerzeit in Wien Anteil gehabt hatte und der ihm daher verpflichtet war, eine besondere Einladung zugehen lassen. Er hoffte, bei dieser Gelegenheit die endgültige Versöhnung des Herzogs mit dem Kardinal herbeiführen zu können. Sie war ihm eine Herzenssache, da er beiden Gegnern eine besondere Schätzung entgegenbrachte. Er hatte jedoch nicht mit einem neuen Faktor gerechnet, der hier in diesen Streitfall eingriff: Gregor Heimburg.

Das Verhältnis des Kusaners zu diesem Manne ist so merkwürdig und in seiner Tragik so kennzeichnend für die Zeit, in der sie lebten, daß es sich lohnt, einen Blick auf die Beziehungen zu werfen, in denen sie schon vorher gestanden hatten. Beide drängten aus einem sicheren Instinkt, von verschiedenen Punkten ausgehend, über ihre Zeit hinaus und wurden so, jeder in seiner Art, Werkzeuge der geschichtlichen Entwicklung. Aber ihre verschiedene Veranlagung führte sie in zwei feindliche Lager.

Der philosophisch bestimmte, von der Frage nach den letzten Dingen beherrschte Kusaner mußte sich seiner Zeit entsprechend in den Rahmen der Kirche stellen, der vom Rechtsgedanken ausgehende und an die politischen Ziele seiner Zeit hingegebene Heimburg mußte sich an die weltlichen Mächte anlehnen. Beide suchten von dem ihnen Schicksal gewordenen Punkte aus den Weg in die Zukunft, aber in dem wilden Kräftespiel ihrer Zeit konnten sie sich von der ihnen zugeteilten Stellung aus nur als Gegner treffen, ein Verhältnis, das sich, je öfter ihr Weg sich kreuzte, zu immer erbitterterer Feindschaft steigerte.

Sie waren gleichaltrig und lernten sich in ihrer Studienzeit in Padua kennen. Ihre Interessen waren zunächst ähnlich gerichtet. Beide hatten das juristische Studium zum Hauptfach erwählt, auf beide übte Giuliano Cesarini einen Einfluß aus. Heimburgs Sinn war jedoch viel ausschließlicher als der des Kusaners auf das Praktische gerichtet. Er hatte das Studium der Rechte deshalb so intensiv betrieben, weil er mit seiner Hilfe hoffte, für eine saubere Lebensordnung kämpfen und wirken zu können. Das Recht war ihm die Ausprägung des göttlichen Gesetzes, in dem keine Verderbnis Raum finden durfte. Die leichtfertige Gesinnung, die ihm aus den Humanistenkreisen oft entgegentrat, hatte in den Paragraphen des Gesetzes keinen Raum, wo jedes Wort im Dienste einer ernsten sittlichen Forderung stand. Darum nahm er es mit der ganzen Leidenschaft seiner herben Seele in sich auf, um durchfechten zu können, was er für richtig hielt. Bezeichnend für die unbekümmerte Entschiedenheit seines Weges ist es, daß er seine juristische Laufbahn nicht mit dem Priestertum verband, wie es in seiner Zeit sonst üblich war. Sein Empfinden widerstrebte dem Priestertum mit seinen oft fragwürdigen Hintergründen. Zu seinem Lebensinhalt gehörte neben seiner beruflichen Tätigkeit die Sorge für eine Familie.

In dem schon erwähnten Erbschaftsprozeß, den der Kusaner in Mainz als Anwalt führte, stellte das Schicksal die beiden Männer zum ersten Male einander gegenüber. Gregor gewann ihn infolge eines Formfehlers, der Nikolaus unterlaufen war. Solche im tiefsten Grunde ihres Wesens beschaulichen Menschen wie Nikolaus sind, wo sie ihre Kraft in unmittelbarer Begegnung mit ausgesprochenen Tatmenschen von der Art Gregors messen, immer im Nachteil. Diese sind ihnen überlegen, weil sie den Kampf mit vollem Einsatz führen können, während jene von ihrer Warte aus die Bedingtheit ihres eigenen Standpunktes durchschauen und im Zusammenhang damit durch ein zu starkes Maß von theoretischen Überlegungen ihre Angriffskraft schwächen. So war in der Tat bei den meisten Auseinandersetzungen, bei denen sie sich Mann gegen Mann gegenüberstanden, Heimburg der persönlich Überlegene, Nikolaus der Verwundete.

Das Konzil zu Basel bildete für beide Männer einen Höhepunkt ihrer Wirksamkeit. Heimburg trat dort als gefürchteter Anwalt auf, dessen Dienst sich die höchsten Herren sicherten und der mehrfach als Vertreter des Kaisers Sigismund selbst wirken konnte. Zunächst war sein Standpunkt von dem des Kusaners kaum verschieden. Im Streit um die Vorherrschaft der Kirche standen sie beide auf der Seite des Konzils gegen die autoritären Ansprüche des Papstes.

Ein Zusammentreffen, das sie im Jahre 1434 auf dem Konzil hatten, war nicht von prinzipieller Bedeutung. Wir erinnern uns des Mißerfolgs, den Nikolaus bei seiner Vertretung der Sache Ulrichs von Manderscheid hatte. Wieder war es Heimburg, der ihm entgegengetreten war und die Sache zu Nikolaus' Ungunsten durchgesetzt hatte. Er konnte ihn mit einer Erklärung des Trierer Kapitels überraschen, daß dieses keineswegs unbedingt zu der von ihm seinerzeit vorgenommenen Wahl stehe. Heimburg sprach im Auftrag des Kaisers, dem daran lag, den Konflikt mit dem Papst nicht auf die Spitze zu treiben. Unter dessen Einfluß entschied das Konzil schließlich gegen die Sache des Kusaners. Während der weitere Verlauf des Konzils den Kusaner in folgerichtiger Entwicklung immer entschiedener auf die Seite des Papstes führte, blieb Heimburg dem Konzilgedanken sein Leben lang treu. Dazu bestimmten ihn in erster Linie weltliche Gesichtspunkte. Er sagte sich, daß es besser sei, wenn die Macht der Kirche mit ihren weltlichen Ansprüchen nicht durch die unumschränkte Führung des Papstes zu groß werde. Wie gerne hätte er sich demgegenüber in die Gefolgschaft eines mächtigen Herrschers begeben. Mit Sorge mußte er aber den Zerfall der königlichen Zentralgewalt beobachten. Für seine nationalen Bestrebungen fand er bei Kaiser Friedrich III. keine Stütze, da sich dieser zu keiner großzügigen Tat aufzuschwingen vermochte.

Das Jahr 1447 bedeutete für die Stellung Heimburgs zum Papst eine Wendung, die seine bisherige Zurückhaltung in eine ausgesprochene Gegnerschaft verwandelte. Wir finden ihn in jenem Jahr als Sprecher einer Gesandtschaft der Kurfürsten in Rom, die den Zweck hatte, mit Papst Eugen IV. endlich zu einer Einigung zu kommen. Seine Mission scheiterte. Auf dem Reichstag zu Frankfurt am Main, der am 14. September 1448 eröffnet wurde, gab Heimburg öffentlich Bericht. Er geiselte in bitteren Worten den Egoismus des Papstes und der Kardinäle und bezeichnete sie als Feinde des Konzils und der deutschen Nation. Neben Enea Silvio war es dort wiederum Nikolaus, der ihm nunmehr als offizieller Vertreter des Papstes gegenüberstand, indem er dessen Antwort auf die Vorschläge des Fürsten bekanntgab. Die Fürsten – wie auch der König – waren des Streites müde. Sie nahmen schließlich die päpstlichen Vorschläge an. Heimburg stand allein. Hier hatte der Kusaner gesiegt. Die Frucht seines langjährigen Kampfes war reif geworden. Am Sterbebett des Papstes Eugen überbrachten die deutschen Gesandten die Gehorsamserklärung der Fürsten.

Als einer der wenigen erkannte Heimburg, was durch die Niederlage im Kampf für das Recht des Konzils verloren war. Er sah eine Gefahr für das Reich heraufziehen, die verhängnisvoll werden konnte. Seit dieser Zeit stand er dem politisierenden Papst mit unauslöschlichem Haß gegenüber. Sein Leben galt von nun an der Abwehr der päpstlichen Macht. Er wurde der unermüdliche Warner der deutschen Nation. Immerhin hatte sein Kampf auch eine für die Zukunft bedeutsame Frucht getragen: Das Wiener Konkordat vom Jahre 1448 räumte den weltlichen Fürsten die Kirchenhoheit in ihren Ländern und den Kirchenfürsten eine weitreichende Selbständigkeit gegenüber dem Papst ein. Es war ein erster Schritt zu der Autonomie der Fürsten in kirchlichen Dingen, die in der Reformationszeit verwirklicht wurde.

Auf einem Rechtstag, den der Kaiser auf das Ende des Jahres 1452 in Wienerisch-Neustadt anberaumt hatte, trafen sie wieder zusammen, ohne daß ein Anlaß zu einer gegnerischen Auseinandersetzung gegeben war. Heimburg hatte als langjähriger hauptamtlicher Rechtsberater der Stadt Nürnberg die Rechte der Stadt vor dem Kaiser gegen die auf Erweiterung seines Machtbereiches hinauslaufenden Ansprüche des Markgrafen Albrecht Achilles zu verteidigen. Noch nie war die Machtlosigkeit des Kaisers so jämmerlich in Erscheinung getreten wie auf diesem Rechtstag, der ohne Ergebnis endete, weil der Kaiser nicht nach Recht zu entscheiden wagte, sondern nur darauf bedacht war, seine Stellung unter den Reichsfürsten nicht zu verschlechtern. Heimburg fand hier Worte gegen die Lässigkeit des Kaisers, wie man sie kaum je gehört hatte. Bitter beklagte er den Rückgang des Reichsrechtes zugunsten des Rechtes der Länder. Wenn der Kaiser sich nicht aufraffen könne, den armen, gedrückten Volksteilen gegen die Fürsten Recht zu verschaffen, so sei das höchste Recht verkehrt und verwandelt in das größte Unrecht.

Der Eindruck der Rede muß außerordentlich gewesen sein. Enea Silvio klang sie wie ein Klagelied über den Untergang des Reiches. Hier wird auch der Kusaner, dem die Rolle eines Beobachters zufiel, einen starken positiven Eindruck von diesem mächtigen Kämpfer gewonnen haben. Waren es doch dieselben politischen Forderungen, die er in allgemeiner Form schon in seinem Jugendwerk „De concordantia catholica" erhoben hatte und die durch seinen Übergang von der Partei des Konzils zur Sache des Papstes nur gefestigt worden waren.

Die weitere politische Haltung Heimburgs ist ein Beispiel dafür, wie die Übermacht der äußeren Verhältnisse einen führenden Menschen in Bahnen treiben kann, deren Fragwürdigkeit er einsieht, die er aber dennoch einschlagen muß, um überhaupt einen Teil seiner Ziele zu retten. Er, der die Einheit des Reiches über alles stellte und das Bürgertum gegen die Anmaßungen der Priester verteidigte, mußte schließlich gegenüber dem charakterlosen Krämergeist des Kaisers bei den Fürsten seine Zuflucht suchen. Dort fand er wenigstens noch Männer.

Es war, als schiebe eine magische Gewalt die beiden Persönlichkeiten immer wieder von neuem in den Brennpunkt des Geschehens, um auf die Zerrissenheit und Problematik der Zeit durch ihren Zusammenstoß ein grelles Licht zu werfen. Heimburg mußte in seiner Entwicklung gerade an diesem Punkte anlangen, als der Kusaner in den unerquicklichen Kampf mit Sigismund von Tirol verstrickt wurde. Heimburg führte in Mantua die Sache der Fürsten. Je genauer er auf dem Kongreß die Lage kennenlernte, um so mehr Abstand gewann er zu der Frage eines Kreuzzuges gegen die Türken. So sehr er von der Notwendigkeit einer gemeinsamen Abwehr überzeugt war, so sehr widerstrebte es ihm auch, sie unter Leitung der Kirche ins Werk zu setzen. Ihm schwebte ein Zusammenwirken der deutschen Fürsten zu diesem Zwecke vor. In einem Kreuzzug sah er nur ein Mittel des Papstes, seine Machtstellung zu erweitern.

In Mantua vertrat Heimburg auch die Ansprüche Sigismunds, der schon seit längerer Zeit in wichtigen Dingen seinen Rat einholte. Hier stand er wohl zum letzten Mal dem Kusaner persönlich gegenüber. Er betrieb die ihm übertragene Sache mit der ihm eigenen, aufs Ganze gehenden Schärfe und bestärkte den Herzog aufs neue darin, auf seinen Ansprüchen in Tirol ohne Einschränkung zu bestehen. Wie scharf die Auseinandersetzung war, geht aus einem der Hauptpunkte hervor. Auf den Vorwurf des Kusaners, daß der Herzog einen Mordanschlag auf seine Person versucht habe, warf ihm Heimburg vor, er habe bei dem Versuch den Verdacht zu erhärten, das Beichtgeheimnis verletzt. Ferner sei das Interdikt, das er über das Land verhängt habe, nicht im Sinne seines seelsorgerischen Amtes. Auf den Versuch des Bischofs, die Herrschaftsansprüche des Bistums gegenüber dem Herzog historisch zu begründen, erklärte Heimburg, daß der Herzog für eine Erörterung der Herrschaftsrechte nicht den Papst, sondern den Kaiser für zuständig halte. Heimburg, der sich immer radikaler in den Gedanken verbiß, daß das Reich nur gesunden könne, wenn es von den weltlichen Gelüsten der Kirche befreit würde, sah hier den Punkt, an dem die Streitfrage prinzipiell zum Austrag gebracht werden konnte. Er mußte zugleich in dem Kardinal den Vertreter dieser den deutschen Interessen entgegengesetzten Macht erblicken.

Auf seinen Einfluß hin hatten sich inzwischen die Verhältnisse im Bistum Brixen während der Abwesenheit des Kardinals zu dessen Ungunsten entwickelt. Der Bischof von Trient schrieb dem Kardinal, daß er kein Ende des Konfliktes absähe, bevor er nicht nach Brixen zurückkehre. Seine Stellvertreter vermochten sich im Klerus nicht genügend Autorität zu verschaffen. Keiner wagte, dem

Willen des Herzogs entgegenzutreten. Dieser hatte seine Stellung inzwischen verstärkt, indem er die Städte Brixen, Bruneck und Klausen auf seine Seite brachte. Es war klar, daß er es auf den Besitz der Länder des gesamten Bistums abgesehen hatte. So entschloß sich der Kardinal nochmals, persönlich nach Brixen zu reisen.
Anfang des Jahres 1460 kam er dort an. Sofort sammelten sich seine Gegner zum Schlage gegen ihn. Sie unterstellten sich dem Herzog mit dem Anspruch, das Kapitel und die Städte zu vertreten, und gelobten ihm Treue, selbst wenn es zu einem Konflikt mit dem Kardinal käme. Schon begann der Herzog mit Gewalttätigkeiten. Er ließ das Kloster Sonnenburg besetzen. Wieder zog sich der Bischof auf die Burg Andraz zurück. Doch bald darauf reiste er nach Bruneck, wohin er eine Synode einberufen hatte. Bei dieser Gelegenheit wurde ein Wagen seines Trosses von Soldaten des Herzogs überfallen.
Jetzt war die Geduld des Kardinals erschöpft. Er ließ das Interdikt über das Land verkünden und drohte mit dessen schärfster Form und mit Berufung an den Kaiser, wenn der Friede nicht wieder hergestellt werde. Der Gegenschlag des Herzogs ließ nicht lange auf sich warten. Im Augenblick, als sein Unterhändler mit dem Bischof einig geworden war, erklärte er diesem als Gegenmaßnahme auf das Interdikt, gestützt auf die Adeligen des Landes, den Krieg und marschierte sofort mit einem Heer von fünfzig Reitern und dreitausend Mann Fußtruppen nach Bruneck, wo der Bischof seinen Klerus versammelt hatte.

Zu einer Flucht war es für ihn zu spät. Es blieb ihm nichts übrig, als sich auf der Burg, die die Stadt beherrschte, einzuschließen. Der Herzog ließ sich auf keinen Vermittlungsversuch ein. Die Stadt mußte vor der Übermacht die Tore öffnen. Sigismund sandte dem Bischof die Kriegserklärung in die Burg und begann sie zu belagern. Vergebens erinnerte ihn dieser an das Reichsgesetz, demzufolge die Feindseligkeiten nicht vor Monatsfrist hätten eröffnet werden dürfen. So blieb ihm keine andere Wahl, als der Gewalt zu weichen und die Bedingungen des Herzogs zu unterzeichnen. Doch kaum wieder frei, erklärte er diesen ihm aufgezwungenen Vertrag für nichtig. Zwar wolle er einhalten, was ihn persönlich anginge, jedoch die berechtigten Interessen der Kirche dürften durch diesen verbrecherischen Anschlag des Herzogs nicht beeinträchtigt werden.

Man kann sich den Zorn des Papstes vorstellen, als er erfuhr, wie der Herzog gegen den Bischof und Kardinal vorgegangen war. Nun ging es um das Ansehen der Kirche, und er war bis zum äußersten entschlossen, es zu wahren. Der Rechtsberater des Herzogs, Blumenau, der als Unterhändler mit einer Appellation „an den besser zu unterrichtenden Papst" erschien, wurde ins Gefängnis geworfen, der Papst verhängte gegen den Herzog und seine Parteigänger den großen Bann „als einen unnützen und faulen Sproß des Hauses Österreich". Auch Friedrich III. tat empört über die Gesetzwidrigkeit des Vorgehens Sigismunds. Die Gerechtigkeit und die Freiheit der Kirche, so ließ er sich aus, gehe ihm über die Verwandtschaft, um so mehr, als das Unrecht einen Kardinal getroffen habe, den er um seiner Tugenden willen liebe und verehre.

Der Streitfall nahm ein Ausmaß an, das weit über seinen bisherigen lokalen Charakter hinausging. Auf Anraten Gregor Heimburgs richtete Sigismund einen Aufruf an die gesamte Christenheit, insbesondere an die Fürsten, deren Interessen bedroht seien, in dem er wegen des Verhaltens des Papstes an den „künftigen Papst, der rechtmäßig über die Haltung seiner Vorgänger zu urteilen hat", und „an ein allgemeines Konzil, wie es nach den Beschlüssen des heiligen Konzils zu Konstanz, die zu Basel erneuert wurden, in angemessener Zeit abzuhalten ist", appellierte. Dies, nachdem der Papst nicht lange vorher, im Jahre 1460 jede Appellation an ein Konzil verboten und mit dem Bann bedroht hatte. Heimburg selbst wurde beauftragt, diese Appellation dem Papst zu überbringen.

Zu irgendeiner Verständigung konnte es naturgemäß auf dieser Grundlage nicht kommen. Jetzt war die Gegnerschaft zu unheilbarer Feindschaft geworden. Auf seiner Rückreise ließ Heimburg die Appellation in den italienischen Städten, durch die er kam, an den Kirchentüren anschlagen. Pius II. antwortete mit einer dramatischen Darstellung der Ereignisse und stellte die Behandlung, die er als Stellvertreter Christi erfahren hatte, dem Verhältnis gegenüber, dessen er sich einst am österreichischen Hof erfreut habe, und betonte, daß er hier die Pflicht über seine freundschaftlichen Beziehungen stellen müsse. Er versuchte eine wirtschaftliche Blockade über Tirol zu verhängen, indem er die umliegenden Länder veranlaßte, alle Handelsbeziehungen mit dem Lande abzubrechen. Allerdings war seine Macht nicht groß genug, ihr volle Wirksamkeit zu geben. Es gelang Sigismund, sie an entscheidenden Punkten zu durchbrechen. Dagegen fielen nun auf Veranlassung des Papstes die Schweizer Eidgenossen in sein Land ein und entrissen ihm den Thurgau, den er ihnen auch bei einem späteren Friedensschluß lassen mußte.
Trotzdem konnte der Papst ihn in seinem Lebensnerv nicht treffen. Er versuchte nun mit moralischen Mitteln weiterzukommen und forderte Gregor Heimburg amtlich auf, sich wegen seines Glaubens vor ihm zu rechtfertigen. Diese Aufforderung wurde in ganz Süddeutschland durch die Gottesdienste verbreitet, was eine Verschärfung der Blockade gegen Tirol zur Folge hatte.
Aber auch Heimburg ruhte nicht. Er verfaßte ein Manifest „Für Freunde der Gerechtigkeit und alle die, denen die Tugend der Menschlichkeit Mitgefühl für die Unterdrückten erweckt". Vor den Augen des Papstes erschien das Pamphlet in Rom an Mauern und Häuserwänden. In den

deutschen Kanzleien fand der Mut dieses Mannes, der sich über die Exkommunikation lächerlich machte, die über ihn verhängt worden war, seine Bewunderer. Angriffe gegen Heimburg hatten nur neue, schärfere Antworten zur Folge. Sigismund fand neue Bundesgenossen: neben dem Erzherzog Albrecht und dem König von Böhmen in letzter Zeit den Herzog von Bayern. Der Kaiser, der auf seiten des Papstes stand, hatte jede Autorität verloren. Was nützte es viel, daß der Papst nun Gregor Heimburg als Ketzer in den Bann tat. Er richtete an den Nürnberger Rat ein Schreiben, worin es heißt:

„Um Eurer Frömmigkeit willen ermahne ich Euch, diesen Verpesteten als exkommuniziert zu betrachten, jede Berührung mit ihm zu vermeiden, ihn aus Stadt- und Weichbild zu verstoßen, seine Güter, bewegliche und unbewegliche, dem Fiskus zuzuwenden, kurzum ihn als Ketzer nach kanonischem Recht zu behandeln. Uns wird Eure Ergebenheit um so höher gelten, je mehr wir dessen gewiß sind, wieviel Gott daran liegt und wie notwendig es der Kirche ist, daß dieser pesterfüllte Gottesverächter aus jeder christlichen Gemeinschaft ausgestoßen werde."

Heimburg blieb die Antwort nicht schuldig. Mit einer Kühnheit und Schroffheit, die wie ein Vorspiel des Kampfes Martin Luthers gegen den Papst anmutet, verfocht er das Recht der Konzilien gegen den Papst. Und als nun auch Nikolaus den Kampf gegen ihn und Sigismund vorwärts trieb, veröffentlichte er eine Streitschrift gegen ihn selbst, in der er unter anderem den Vorwurf gegen den „Krebs von Kues, der du dich Kardinal von Brixen nennst", erhebt, er habe mit seinem Geschwätz Deutschland zweihunderttausend Gulden abgepreßt. Dem Papst wirft er vor, er habe den Kreuzzug gegen die Türken nur deshalb betrieben, um den Deutschen das Geld aus der Tasche zu locken.

Doch die Zeit war für Heimburgs Kampf nicht günstig. Noch einmal hatte er in Mainz an die deutsche Öffentlichkeit appelliert: „Erwacht Ihr Deutschen, laßt die rettenden Beschlüsse des großen Konzils zu Konstanz, die das Basler Konzil erneut festgelegt hat, um Eures Heiles Willen nicht rückgängig machen!"
Doch die antipäpstliche Welle war im Verebben. Die Fürsten waren des Kampfes müde, er stand auf verlorenem Posten.
Heimburg blieb sich auch in den kommenden Jahren treu. Solange er im Dienste Sigismunds stand, hintertrieb er mit zäher Entschiedenheit jede Form der Versöhnung, die die Unterwerfung des Herzogs unter den Papst voraussetzte. Als schließlich im Laufe der Jahre der Widerstand Sigismunds erlahmte, lehnte er für sich den Kompromiß ab und trat in die Dienste des Königs Georg Podiëbrad von Böhmen, die einzige Stelle des Widerstandes gegen die päpstliche Macht, die damals bestand.

Der Auseinandersetzung mit den Hussiten hatte der Kardinal auch in den letzten Jahren seines Wirkens viel Arbeitskraft zugewandt. Die hussitischen Sonderbestrebungen waren trotz des Vertrages von Iglau immer wieder aufgeflammt. Unverkennbar verbargen sich hinter den religiösen Forderungen auch politische Gesichtspunkte. Die Tschechen fühlten sich in ihrer Nationalität gefährdet, zumal damals der deutschen Orden sein Machtgebiet in Schlesien ausdehnte, so daß sie fürchteten, von dem deutschen Kulturleben aufgesogen zu werden. Ihre religiöse Sonderhaltung war zwar aus einem allgemeinen europäischen Freiheitsdrang geboren worden, dessen Durchbruch sie vorbereiteten. Für sie jedoch war sie ein Mittel, sich von der sie umgebenden Welt klar abzuheben, mit dem Ziel einer unabhängigen nationalen Existenz.

Der Auftrag einer kirchlichen Erneuerung, den Nikolaus seit dem Jahre 1451 durchgeführt hatte, hatte auch die Bekehrung der Heretiker in Böhmen umfaßt. Die Reformarbeit in Deutschland hatte jedoch damals seine ganze Kraft in Anspruch genommen, so daß er für diese Sonderaufgabe nicht viel Zeit zur Verfügung hatte. Mit um so größerem Eifer hatte sich ein Franziskanerbruder, Johann von Capistran, in seiner Weise der Hussiten angenommen. Zuerst predigte der fanatische Mönch unter ihnen nicht ohne Erfolg, indem er all denen die Hölle in Aussicht stellte, die sich auf die Verträge von Prag und Iglau beriefen. Als er schließlich des Landes verwiesen wurde, predigte er in Deutschland einen Kreuzzug gegen die Hussiten.

Georg Podiëbrad von Böhmen, der die Umsicht und Besonnenheit des Kardinals kannte, nahm seinen Rat wegen der Umtriebe des Franziskaners in Anspruch. Als Nikolaus nach Beendigung seines Auftrages in Deutschland im Begriff stand, sich nach Brixen zu begeben, suchte ihn der Markgraf Albrecht von Brandenburg im Einvernehmen mit Podiëbrad auf und bestimmte ihn zu einem Zusammentreffen mit zwei Abgesandten der Böhmen. Die Anwesenheit des Eiferers Capistran machte allerdings die Entfaltung des Vermittlungswillens des Kardinals nicht möglich. Weitere Versuche des Kardinals scheiterten an den Hussiten selbst. Er sah schließlich ein, daß seine Bemühungen, mit ihnen einig zu werden, hoffnungslos waren. Aber der Beschäftigung mit ihnen konnte er auch in späterer Zeit nicht entgehen. Insbesondere wurde er vom Papst mit der Behandlung eines Streites zwischen Podiëbrad und der Stadt Breslau betraut.

Breslau, das zum Königreich Böhmen gehörte, suchte sich mit allen Mitteln der tschechischen Herrschaft zu entziehen. Naturgemäß kam der Stadt der Abfall der Tschechen sehr gelegen. König Podiëbrad hatte sich zwar aus politischen Gründen durch einen katholischen Bischof krönen lassen, hatte aber keinerlei praktische Folgerungen daraus gezogen, sondern vielmehr dem Volke gegenüber feierlich erklärt, daß er als Anhänger des Laienkelches leben und sterben werde. Der Kardinal stellte sich eindeutig auf die Seite Breslaus. Als der Papst die Zugeständnisse, die der Kusaner einst den Hussiten bezüglich des Laienkelches gemacht hatte, für unzulänglich erklärte, war auch er mit der Preisgabe seines Basler Vermittlungswerkes einverstanden, da er die Fruchtlosigkeit aller Zugeständnisse an die Tschechen erkannt hatte. Als der König sich zum Kriege gegen die Stadt Breslau anschickte und der Breslauer Rat verzweifelte Hilferufe nach Rom richtete, wurde Nikolaus mit einem zweiten Kirchenfürsten vom Papst zum Schiedsrichter über die Streitsache bestimmt, ein Amt, das er jedoch nicht mehr ausüben konnte, da ihn in jener Zeit eine Krankheit befiel, die zum Tode führte.

Hinter der Politik Podiëbrads stand als dessen Ratgeber Gregor Heimburg. Merkwürdig kann das Schicksal einer solchen Zeit die Rollen zuteilen und vertauschen. Diesmal war es der Kardinal, der die deutschen Interessen verteidigte, während Heimburg aus seinem Gegensatz gegen die Kirche in das tschechische Lager gelenkt wurde. Dieser fand übrigens auch in Böhmen keine bleibende Statt. Als Georg Podiëbrad im Jahre 1471 starb, versuchte Heimburg, einem deutschen Fürsten, dem Herzog Albrecht von Sachsen, zur Thronfolge in Böhmen zu verhelfen. Als dies mißlang, mußte er das Land verlassen. Er fand bei Herzog Albrecht von Sachsen ein Asyl, der dem greisen, abgekämpften Manne kurz vor seinem Tode den Frieden mit der Kirche vermittelte.

Das zweite schwere Problem, vor das die letzten Lebensjahre den Kardinal stellten, war naturgemäß durch das

Im Himmel der Vernunft die Eintracht der Religionen verwirklichen

Eine Vision des Cusaners

Am Schluß der Schrift „De pace fidei" – „Über den Glaubensfrieden" läßt er im Geiste die Vertreter aller Religionen der Erde in Jerusalem zusammenkommen und Paulus zusammenfassend sagen: „Wo sich keine Übereinstimmung in der Art und Weise finden läßt, lasse man die Nationen (unbeschadet des Glaubens und Friedens) bei ihren Andachten und Zeremonien."...
Es heißt dann weiter:
„Nachdem alles dieses mit den Weisesten aus den Nationen durchgesprochen war, wurden sehr viele Schriften von solchen vorgelegt, welche über die alten Bräuche geschrieben haben, deren es in jeder Sprache einige hervorragende gibt. Bei Durchsicht derselben zeigte sich, daß alle Verschiedenheit mehr im Ritus als in der Verehrung des einen Gottes gelegen ist, von welchem sich aus der Vergleichung aller jener Werke ergab, daß er von Anfang an stets von allen vorausgesetzt und in allen Gottesdiensten verehrt worden sei...

So wurde denn im Himmel der Vernunft die Eintracht der Religionen beschlossen in der bisher angegebenen Weise. Der König der Könige gab schließlich den Befehl, daß die Weisen in ihre Länder zurückkehren und ihre Völker zur Einheit wahrer Gottesverehrung führen sollen... Dann sollten sie sich, mit Vollmacht für alle ausgestattet, in Jerusalem als dem gemeinsamen Zentrum aller, versammeln und im Namen aller den einen Glauben annehmen und auf ihm den ewigen Frieden aufbauen"...

„Gott erfaßt man nicht
wie etwas Erkennbares,
dem man dann,
wenn man es erkannt hat,
einen Namen gibt.
Vielmehr sehnt sich das Denken
nach dem Unbekannten;
aber da es das nicht fassen kann,
nennt es dieses Unerkannte das Eine,
worin sich die Ahnung ausdrückt,
daß es dieses Eine ist,
wonach das Denken sich sehnt."

Vordringen der Türken gegeben. Nach dem Papst der Träger der höchsten Verantwortung für die Zukunft der abendländischen christlichen Kultur, mußte er der von den Türken drohenden Gefahr mit wachsender Sorge entgegensehen. In die ersten Jahre seines Aufenthaltes in Brixen fiel die Eroberung Konstantinopels durch die Türken (1453). Er, der seinerzeit selbst dort geweilt hatte, mußte den Verlust doppelt schwer empfinden. Er schrieb damals, im Winter 1453 auf 1454, um seine Gedanken über die Sorgen der Gegenwart zu erheben, das Buch „Über den Glaubensfrieden", in dem er mit der ihm eigenen Weite des Verstehens eine künftige Entwicklung vorwegnahm, in der die Glaubensgegensätze beseitigt sein würden. Ihm schwebte vor, daß einmal alle Völker, entsprechend ihrem Charakter, sich eigener Formen und Gebräuche als Sinnbilder ihres Verhältnisses zur Gottheit bedienen dürften, wobei sie, wie er glaubte, nach Überwindung ihrer Irrtümer von den Grundwahrheiten des Christentums überzeugt werden würden. Es ist dies eine weit über das Mittelalter hinausgehende Kundgebung religiöser Einfühlungsfähigkeit und Toleranz.

Der unaufhaltsame Vormarsch der Türken erforderte die Vereinigung aller Kräfte zur Abwehr. Und so finden wir ihn in der Folgezeit zusammen mit Enea Silvio mehrfach als Vorkämpfer für die Idee eines Kreuzzuges und in Verbindung damit als Prediger sittlicher Erneuerung als der allerersten Voraussetzung für die Rettung des Abendlandes. Seiner Art gemäß setzte sich seine innere Bedrängnis in eine kritische Betrachtung des Korans um, die in den positiven Gehalt auch des Islam einzudringen suchte. Im Jahre 1461 schrieb er auf Aufforderung Pius II. das Buch „Cribratio Alkoran" (Kritik des Koran).

Die Türken besetzten weiterhin Zypern, Griechenland, Bosnien und die Herzegovina. Die Gefahr war aufs äußerste gestiegen. Da rüstete der Papst, nachdem er die weltlichen Fürsten Europas nicht zu einer zusammengefaßten

Abwehr in Form eines Kreuzzuges hatte bestimmen können, aus eigenen Mitteln ein Heer aus, in der Hoffnung, die Fürsten mitzureißen. Inmitten dieser Vorbereitungen überraschte ihn der Tod, wenige Tage, nachdem er die Nachricht vom Ableben seines Freundes, des Kardinals und Bischofs von Brixen, Nikolaus von Kues erhalten hatte.

Die politischen Ereignisse, die den Abschied des Kardinals von der Welt umtönten, waren unbefriedigend und bedrohlich. Gewiß hatte er wenige Monate vor seinem Tode noch die Befriedigung erlebt, daß sich Sigismund mit dem Kaiser versöhnte und die damit verbundene Verabschiedung Gregor Heimburgs eine Beilegung des Konfliktes um die Rechte des Bistums voraussehen ließ. Aber seine Bemühungen um die Hussiten waren gescheitert, und die Gefahr der Überflutung der europäischen Kultur durch die Türken war drohend wie noch nie.

Unablässiges Sehnen nach dem Einen, Unfaßbaren

Wir würden diese Erfahrungen, die dem Kardinal in den letzten Jahren seines Erdenganges auferlegt waren, nur einseitig beurteilen, wollten wir über dem tragischen Kampf, den er zu führen hatte, die Stunden des Friedens übersehen, die ihm doch auch jetzt noch immer wieder durch die Versenkung in die Tiefen der Wahrheit und durch die geistige Verbundenheit zuteil wurden, die die Lektüre seiner Werke trotz mancher Anfeindung ihm vermittelte.

Unter den Geistlichen, mit denen er in freundschaftlicher Beziehung stand, nehmen die Benediktinermönche von St. Quirin zu Tegernsee eine besondere Stellung ein.

„Wie vermöchte mein Gebet zu dir zu gelangen,
da du jedem Versuch unnahbar bleibst?
Wie kann ich meine Hand nach dir ausstrecken?
Denn was ist sinnloser als zu begehren,
du mögest dich mir schenken,
da du doch alles in allem bist?
Und wie wirst du dich mir geben,
gibst du mir nicht zugleich
Himmel und Erde und alles, was in ihnen ist?
Ja, wie wirst du dich mir geben,
wenn du nicht erst mich selbst mir gibst? –
Und wie ich im Schweigen der Betrachtung ruhe,
antwortest du mir, Herr, in der Tiefe meines Herzens.
Und du sagst:
Sei, der du bist, so werde ich dein sein."

Schon während seiner Legationsreise in Deutschland war von dem Prior von Tegernsee, Bernhard von Waging, eine begeisterte Schrift zum Lobe der „Docta ignorantia" verfaßt worden, aus der die Verehrung hervorgeht, die das Studium seiner Schriften dort ausgelöst hatte. Bald nach Übernahme seiner Tätigkeit als Bischof von Brixen hatte er auf einer Reise, zu der ihn Verhandlungen mit den Hussiten veranlaßten, in dem Kloster für einige Tage Aufenthalt genommen und war so in persönliche Berührung mit den Mönchen gekommen. Aufgrund der mit ihm geführten Gespräche sandte der Abt dem Kardinal einen Brief, in dem er ihm eine Frage vorlegte, die im Mittelpunkt des mönchischen Interessenkreises stand.

Die Frage ging darum, ob die mystische Erhebung unmittelbar ohne jede geistige Hilfe allein durch das fromme Liebesstreben abseits jeder Vernunfterkenntnis zu erreichen sei, oder ob man ihr eine Grundlage durch philosophisches Erkennen geben müsse. Das regte den Denker zu dem Buche „De visione dei" (Über die Schau Gottes) an, in dessen Gedankengang er sich auf den durch seine Philosophie geschaffenen Grundlagen zur Gottheit erhob. In glühendem Verlangen strebt seine Seele nach dem unendlichen Einen hin. Das Grundmotiv dieses hymnischen Gebetes ist der Vergleich Gottes mit einem von einem Maler dargestellten Antlitz, das uns anblickt, wo wir auch stehen. So sieht auch die Gottheit alles; ist doch ihr Sehen zugleich Wirken. Indem wir deshalb unseren Blick zu ihr erheben, wissen wir, daß sie es ist, die uns entflammt, indem sie ihr Auge auf uns richtet.
Hier findet auch der Freiheitsgedanke des Kusaners seine religiöse Stelle:
„Und du sagst, sei du dein, so werde ich dein sein! Oh Herr, du Beglückung in aller Wonne, du hast es zur Sache meiner Freiheit gemacht, daß ich mein sein kann, wenn ich so gewollt habe. Gehöre ich nicht mir selbst, so

gehörst auch du nicht mir. Insofern nämlich nötigst du meine Freiheit, da du nicht mein Besitztum sein kannst, wenn ich mich nicht selbst besitze. Da du dieses aber in meine Freiheit gestellt hast, nötigst du mich nicht, sondern erwartest, daß ich selbst erwähle, mir zu gehören."
Das ist der Adel unserer Beziehung zu Gott, daß sie aus der Tiefe unseres Wesens ihre Form gewinnt. Wann aber, so fragt er, besitze ich mich selbst?
„Wenn die sinnliche Natur der Verständigkeit dient, besitze ich mich selbst."
Entsprechend seinem Glauben an die Gotterfülltheit der Natur finden wir bei ihm keinerlei Verachtung der Sinnlichkeit, sondern die Forderung ihrer Unterordnung unter die geistigen Belange. Es sind dieselben Gedanken, die wir in der weiteren Entwicklung der europäischen Philosophie immer wieder an zentraler Stelle finden können. Dennoch ist es nicht leicht, in Gedanken zum göttlichen Urgrund vorzudringen. Es gibt nur einen Weg:
„Ich sage dir Dank dafür, mein Gott, daß du mir sichtbar gemacht hast, wie zu dir hinzuschreiten es nur den einen Weg gibt, der allen Menschen, auch den gelehrtesten Philosophen, gänzlich unbegehbar und gänzlich unmöglich erschienen ist... Ich habe den Ort entdeckt, in dem man dich unverhüllt findet. Er ist umgeben vom Zusammenfall der Gegensätze" (Kap. 9).
Aber noch immer waren die Mönche von Tegernsee, die die Frage des Zusammenfalles der Gegensätze eifrig besprachen, über manches im unklaren. Schon lange hatte ihnen der Kardinal eine Schrift in Aussicht gestellt, mittels der sie wie mit einer Brille (dem Beryll, einem Kristall, aus dem die Lupen geschnitten wurden) erkennen könnten, worauf es ankomme. Nach den vielen Ablenkungen seiner Bischofszeit vollendete er im Jahre 1458 die Schrift „De beryllo" (Über den Beryll). Es handelt sich um die Möglichkeit zu jener höchsten Scharfsicht der Vernunft, die, durch die Verschiedenheit der Dinge hindurchblickend, das Ewig-Eine erkennt.

„Wenn so für die geistigen Augen ein geistiger Beryll geschliffen wird, der die Form des Kleinsten und zugleich des Größten hat, so wird durch seine Vermittlung der unteilbare Uranfang aller Dinge berührt" (Kap. 2).
Mit neuen geometrischen Sinnbildern sucht er den Zusammenfall der Gegensätze verständlich zu machen. Durch den Beryll sieht man jeden Winkel als Einschränkung des Winkels von 180 Grad, der zugleich der kleinste und der größte ist und mit der Geraden zusammenfällt. Hier begegnet uns als Sinnbild für die Gottheit auch das Ideal des Fürsten:
„Schau an, genauso wie das Gesetz, das auf totes Pergament geschrieben ist, im Fürsten lebendes Gesetz ist, so ist im Ersten (in der Gottheit) alles Leben, die Zeit ist im Ersten Ewigkeit und alles Geschaffene Schöpfer" (Kap. 15).
Um diesen tiefen Blick zu gewinnen, muß man auf seine eigene Einfachheit, auf sein göttliches Wesen zurückgehen. Aus ihm erst erkennt man das Wesen aller Dinge, „weil keine Erkenntnis vordringen kann, in etwas, das einfacher ist als sie selbst" (Kap. 38).
Noch verschiedene Male bis unmittelbar vor seinem Tode im Jahre 1464 hat Nikolaus von Kues Zeit gefunden, seinen Blick nachdenkend in diese Tiefen zu senden. Titel wie „Dialogus de possest[1]" (Dialog über das, in dem alles Mögliche Wirklichkeit hat), „De non aliud" (Über das, was nichts anderes als sein reinstes Selbst in sich trägt), „De venatione sapientae" (Über die Jagd nach der Weisheit) zeigen die Richtung an, in der sich immer wieder sein Denken bewegt: Erkenntnis des Ewigen aus dem Zeitlichen und, daraus hervorgehend, Halt, Kraft und Richtung inmitten der Wirrnis des Geschehens.

---

[1] Das Wort *possest* hat Nikolaus von Kues gebildet aus den beiden lateinischen Worten *posse* (können) und *esse* (sein). (Anm.d. Hrsg.)

Sein Leben endete unter Enttäuschungen und Sorgen in einer innerlich und äußerlich bedrängten, gefahrvollen Zeit. Gerade bei der gewaltigen Macht, mit der die Welt sein Streben krönte, mußte ihm die Kleinheit und Machtlosigkeit des einzelnen gegenüber den entfesselten Gewalten der Zeit besonders schmerzvoll zum Bewußtsein kommen. Der Wille der Geschichte hatte es abgelehnt, ihn auf praktischem Gebiet zum Werkzeug der Befreiung von dem zu machen, was auf seiner Zeit lastete. Keinerlei äußere Ereignisse konnten ihm jedoch die geistige Welt verkümmern, die er sich in tiefer Versenkung als größter Künder der Wahrheit in seiner Zeit geschaffen hatte und die ihm vergönnte, sich immer wieder aus verantwortlichem Handeln und schwerer Sorge, aus Empörung und Zorn über persönlich erlittenes Unrecht zu jenem Unnahbaren aufzuschwingen, vor dem alle Gegensätzlichkeiten dieser Welt und alle Not des einzelnen unendlich klein und nichtig werden. Aus dieser Erhebung in das Reich der „Docta ignorantia" war es für ihn kein weiter Schritt mehr in jene unerkennbaren Gefühle, die unserem tiefsten Wesen nach der Befreiung von allen irdischen Fesseln letzte Heimat sind.

Schluß

Wir schauen auf ein Leben zurück, das in eine Übergangszeit hineingeboren und von ihr zu führender Tätigkeit auserwählt, damit zugleich im Denken und Handeln von der Vorläufigkeit und verwirrenden Gegensätzlichkeit dieser Zeit gezeichnet worden ist. Nikolaus von Kues ist mittelalterlicher Mensch durch seinen Glauben an den universalen göttlichen Auftrag der Kirche. Dem entspricht sein Werdegang als Kirchenmann, sein politischer Kampf für die Einheit der Kirche, für die Entfaltung ihrer Macht und die Reinheit ihres Wirkens. Dies findet Ausdruck auch in seinem philosophischem Werk. Der Mythos des Mittelalters von der Erscheinung des Gottmenschen in der Welt und von der Erlösung der Menschheit durch sein Blut hat seine unverrückbare Stelle in seinem Geiste. Sein Denken ist gebunden an den aus der Verbindung von Christentum und griechischer Philosophie dem Mittelalter erwachsenen Gottesgedanken.

Die Auswirkung dieser seiner geschichtlichen Stellung war für seine philosophische Leistung eine andere als für seine praktische Wirksamkeit. Der tragische Zug eines Lebens der Übergangszeit, der darin liegt, daß ein Mensch die Elemente des alten, das er zu überwinden im Begriffe steht, doch auch noch in sich trägt, ist zwar auch in seinem philosophischen Werk unverkennbar. Doch dieser Zug ist dort überstrahlt durch die Genialität seiner philosophischen Tat, durch die systembildende Kraft seines Geistes, die die Kluft zwischen den Welten, die er umspannte, für ihn und seine Zeit nicht merkbar werden ließ.

Der Unterschied in seiner Stellung als Politiker und Denker zeigt, weil er beides zugleich in sich verkörperte, mit besonderer Klarheit einerseits das schwere Schicksal, das eine bewegte Zeit einem starken Talent zuteilen kann, und andererseits die Gnade, mit der sie den genialen Funken umfängt, der ihrem Lichtquell entstammt. Nikolaus von Kues war als Politiker nicht minder guten Willens wie als Philosoph. Er war darüber hinaus einer der weitsichtigsten Staatstheoretiker seiner Zeit. Vielleicht ist nie das Ideal des mittelalterlichen Reiches so schön und so ganz losgelöst von Parteiinteresse, so ganz aus dem Leben wachsend, aufgestellt worden wie in seiner „Concordantia catholica", aber allerdings noch das Ideal des *mittelalterlichen* Reiches.

Der schöpferische Funke des Staatsmannes liegt aber an der Schwelle zu einer neuen Zeit nicht in der wohlmeinenden Zusammenfassung des Vorhandenen und in noch so berechtigten Reformvorschlägen, sondern im Durchbruch dessen, was der Wille der Schöpfung zum Leben ruft. Die „Concordantia", wenn sie heute wahrhaft schöpferisch und befreiend sein soll, bedarf der gemeinsamen Grundlage des neuen Weltbildes, um an ihr ihre Kräfte auszurichten.

In dieser Hinsicht gebührt Heimburg mit seinem Kampf um die Überwindung der mittelalterlichen Machtentfaltung der Kirche im Urteil der Geschichte der Preis vor dem großen Kardinal. Denn sein Streben galt dem, was noch nicht war, aber werden sollte. Die Tragik seines Kampfes war anderer Art als die des Kusaners. Er teilte das Schicksal vieler auserwählter Wegbereiter, die die Zeit gegen sich haben, weil sie sich der Zukunft verpflichtet fühlen. Aber von höchsten Gesichtspunkten aus gesehen ist es nicht die wichtigste Frage, wieviel äußerer Erfolg während ihres Lebens ihrem Ringen beschieden ist, auch nicht wieviel von der Bedeutung des Kampfes ihnen voll bewußt geworden ist, sondern wieviel zukunftweisende Wahrheit ihr Kampf verkörpert. Heimburg erscheint im Rahmen der politischen Geschichte als der Wissende gegenüber dem Kardinal, der bei aller Bedeutung seiner politischen Gedanken seine praktische Arbeit an einem Punkte angesetzt hat, an dem er gewiß für seine Zeit viel Segensreiches bewirkte, von dem aus er aber den Gang der Geschichte hemmen mußte. Die tiefste Tragik des politischen Kardinals ist nicht die des leidenden Befreiers, sondern die eines Mannes, den sein Schicksal in eine Bahn gelenkt hat, die ihn mit den erwachenden Kräften der Zukunft in unlösbaren Widerspruch setzte, und dies um so mehr, je mehr er auch an diesem Punkte seine ganze Kraft unbekümmert um seine Seelenruhe in die Waagschale warf. Die geistige Befreiung, die er selbst von einem anderen Gebiete aus vorbereitete, mußte notwendig zur Lockerung der Bindung an die Kirche und zum Erstarken der Vertreter geistiger Freiheit führen, die ihn bekämpften, ohne zu ahnen, welch einen zukunftweisenden Geist sie vor sich hatten.

Damit kann nicht etwa auch nur im mindesten ein Vorwurf gegen den Kusaner verbunden werden. Es wird immer Menschen geben, die sich berufen fühlen, im Kulturleben mit den Mitteln der Philosophie und eines veredelten Gottglaubens zu wirken. Jede echte Kultur bedarf solcher Menschen. Es war nicht seine Schuld, daß in seiner Zeit die Institution, die die Religion zu hüten hatte, in einem unüberbrückbaren Gegensatz zu den geistigen und politischen Kräften der beginnenden Neuzeit stand. Das folgende Jahrhundert schon hätte ihn in einem anderen Lager gesehen. Ein tief inneres Ahnen dieser Bedenklichkeit in seiner politischen Zielsetzung, das da und dort sein Bewußtsein durchzuckt haben mag, bedeutete vielleicht die herbste Bitternis seines Alters.

Man kann die Wurzel dieser seiner politischen Enttäuschungen einfach damit kennzeichnen, daß er als Politiker Philosoph war. Im allgemeinen macht das Glück keine doppelten Geschenke, und die eine Gunst verhindert schon psychologisch die andere. Der Genius im Reich der Gedanken läßt die Kräfte seiner Zeit auf sich wirken und folgt der Notwendigkeit, sie geistig unter neue Gesichtspunkte zu ordnen. Seine schöpferische Idee öffnet wie mit einem Zauberschlag eine neue befreiende Welterkenntnis, und er mag auch Gedanken finden, die praktisch für eine ferne Zukunft wegweisend wirken. In einer ruhigen, ausgeglichenen Zeit, die keiner Neuschöpfung bedarf, mag ein solcher Philosoph auch ein idealer Staatsmann sein. Aber eine politische Schöpfung fordert einen anderen Menschen.

Philosophische Universalität lähmt die sieghafte Kraft des ersten Durchbruchs. Für diesen Zweck braucht der Geist der Geschichte andere Naturen. Massiv gebaute, harte Seelen, die, ganz dem Leben verwachsen, den Zorn, den sie gegen die bestehenden Gewalten in sich sammeln, zu gegebener Zeit entladen wie ein gestauter Strom, der seine Dämme durchbricht, die sich in ihre Idee verbeißen und daneben nichts anderes kennen und anerkennen, weil ihre Natur ihnen nicht gestattet, ihre Angriffskraft dadurch schwächen zu lassen, so wie es in seiner Zeit Heimburg und im nächsten Jahrhundert Luther war. Was solche Menschen je nach ihrem Glück vorbereiten oder erfüllen, das gibt dem Philosophen oft erst die Möglichkeit zu neuer Weltschau.

Nikolaus von Kues hat sein philosophisches Werk, das ihn in die erste Reihe der europäischen Denker stellt, allerdings nicht einer politischen Schöpfung verdankt, sondern einem feinsten Gefühl für die neuen Kräfte des Geistes, die in seiner Zeit zum Lichte rangen. Er spürte das Heraufziehen einer neuen Welt, eines neuen Glaubens an die Menschen. Die Dynamik neuzeitlicher Seelenhaltung kam in ihm zum Bewußtsein ihrer Sendung. Sie zeigte sich schon in der Jugend als der Mut zu kritischer Betrachtung der kirchlichen Überlieferung und führte ihn weiter zur Erkenntnis von der zeitlichen und räumlichen Unendlichkeit des Universums. Im Zusammenhang damit eröffnete sich ihm der Blick für die unendliche Vielfalt der Dinge, für eines jeden unverwechselbares Eigensein, für die Selbstgesetzlichkeit, die unendliche Aufgabe und göttliche Berufung des Menschengeistes, für die Bedeutung der Mathematik im Zusammenwirken mit Erfahrung und Experiment bei der Erkenntnis der Natur. Er erkannte zugleich die Kluft zwischen mathematischer Idee und wirklichem Sein, die Relativität der Form, des Ortes und der Bewegung. Er zeigte als erster die Bewegung unserer Erde auf, er zog als erster die Hülle von dem Bilde der Welt, das der Zukunft Grundlage ihres Denkens werden sollte. Er ist es, dessen ganze Gedankenrichtung zu einem dynamischen Denken hindrängt und so eine Entwicklung vorbereitet, die auch heute noch nicht ihr volles Ziel erreicht hat. Er hat der religiösen Toleranz die Bahn gebrochen und die objektive Religionsgeschichte eingeleitet. In seiner Kulturphilosophie schließlich hat er aus seiner Erkenntnis des organischen Charakters aller Weltgestaltung, weit über die Denkart seiner Zeit hinausgreifend, die Idee einer organischen Kulturgemeinschaft geschaut. Alle geistigen Triebkräfte der neuen Zeit sind in ihm wie in einer Keimzelle gesammelt. In dieser Hinsicht überragt er weit alle führenden Menschen seines Zeitalters mit Einschluß der Reformation.

Von der Welt ausgehend, stieg sein suchender Geist empor zur Gottheit und setzte sie im Begriff der Unendlichkeit, in deren allumfassenden Händen alle Gegensätze der Welt in nichts zerrinnen, in engste Beziehung zur Welt. Er wußte, daß alle begrifflichen Bemächtigungsversuche vor dieser Unendlichkeit zerschellen müssen, daß allein das Nebeneinanderstellen der gegensätzlichen Urteile dieser Unendlichkeit gerecht werden könne. Er erkannte die besondere Bedeutung des Sinnbildes als religiösen Ausdruck und Hinweis auf das unnahbare Mysterium, er wußte um den individuellen Charakter dieser Sinnbilder und bahnte mit all diesem auf metaphysischem Gebiet den Weg in unsere Zeit.

Gewiß empfinden wir, wenn wir unser Verhältnis zur

Gottheit mit dem seinen vergleichen, daß erst wir ganz ernst machen mit dem Begriff des Symbols. Wir entdekken, daß auch hier der Moselaner bei all seiner revolutionären Überwindung der begriffsgläubigen Scholastik doch noch fester, als er selber weiß, mit ihr verhaftet ist. Was ihm schließlich doch noch in der Nachfolge der Griechen objektive Wahrheitserkenntnis ist, das Zusammenfallen von höchster Vollkommenheit und höchster Wirklichkeit, von Unendlichkeit und letzter Einheit, von höchstem Sein und erster Ursache, das Verhältnis von Gott und Welt als Einfaltung und Auseinanderfaltung, als Wirklichkeit aller Möglichkeiten und beschränkte Auswahl in der Schöpfung – es sind keine endgültigen Wahrheiten, durch philosophische Beweisführung zwingend erworben und sichergestellt. Der Begriff des Zusammenfallens der Gegensätze, um ein Beispiel herauszugreifen, steht in logisch unüberwindlichem Gegensatz zu der Vollkommenheit, weil er zugleich die absolute Unvollkommenheit fordert, wodurch die metaphysische Verankerung des Ethischen unmöglich würde. Es handelt sich bei all diesen philosophischen Begriffen um Gleichnisse, die unter anderem aus bestimmten Lagen und Zusammenhängen erwachsend, auch uns für einen Augenblick in unserer Erhebung zu den höchsten Dingen Ausdruck und Halt schenken können. Sie sind Ausdrucksmittel unseres Verhältnisses zu Gott, nicht mehr und nicht weniger.
An die Stelle des Aufblicks zu einer Gottheit, in der sich Vollkommenheit und Wirklichkeit eint, tritt der Blick auf die Idee der Vollkommenheit als Ziel allen Daseins. Von dessen reinem Glanz alles, was Form und Schönheit gewonnen hat, einen Schimmer in sich trägt. Wir suchen viel ausschließlicher als seine Zeit das Göttliche durch tiefere Schau seiner Erscheinung in der Welt zu begreifen. Auch hierin werden wir die Grundhaltung des Kusaners weiterzuführen haben. Wenn wir uns von aller theologischen Spekulation endgültig trennen und uns der Welt

zuwenden, erkennen wir in allen Gestaltungen der Natur und des Geistes einen Zug zur Vollendung, der einem geheimnisvollen Urgrund entstammt. Der Urgrund entspräche in des Kusaners Sinn dem Vater, die Gestaltungskraft, die in der Welt wirkt, dem Heiligen Geist, die Idee der Vollkommenheit, der sie zustrebt, der „Gleichheit" Gottes, dem Sohn. In diesen drei Endpunkten des religiösen Denkens liegt beschlossen, was in dem Dreieinigkeitsgedanken des Kusaners auch für uns Heutige noch gültig ist.

Und die „Einheit der Gegensätze", wenn wir sie ihrer mittelalterlichen Form entkleiden, was ist sie anderes als eine treffende Formulierung dieses Zieles, nach dem die Schöpfung von unzähligen Punkten aus strebt. Sie ist es, die in dieser Form die Dynamik allen Geschehens erweckt, jetzt als Idee allen Werdens aufgefaßt. Die Harmonie im Ausgleich gegensätzlicher Kräfte bestimmt schon den Jahreskreislauf unserer Erde, sie ist ausgeprägt in dem Gedanken der Entwicklung des Lebens, der immer wieder neue Formen entstiegen sind, in denen jeweils die Aufgabe, die vorhandenen Kräfte harmonisch zu ordnen, den gegebenen Verhältnissen entsprechend in eigener Weise gelöst ist.

Darin besteht die Vielfalt, die Bewegung, die Buntheit und der Reiz des Lebens, daß es immer wieder neu diese Einheit sucht und auch in immer umfassenderer Weise erreicht. Ist der Kampf der Vater aller Dinge, so ist die Einheit der Gegensätze, die Harmonie und der Friede das Ziel, um das gekämpft wird. Doch dieses ist nie etwas Endgültiges. Jeder Ausgleich der Schöpfung, d.h. jede neue Lebensform, stellt das Leben vor neuen Kampf, der wiederum nach höherem Ausgleich verlangt.

So dürfen wir jeden Stein, jede Blume, jedes Tier als Offenbarung dieses ewigen Gestaltungsdranges betrachten. Andächtig empfinden wir den Durchbruch der Schöp-

Die Bibliothek des Hospitals

Das heilige Nichtwissen lehrte uns, daß Gott unaussprechbar sei, weil er unendlich größer ist als alles, was benannt werden kann, denn er ist das durchaus Wahre.

(Cusanus)

fung in uns selbst als Aufschwung des Geistes und der Seele, als Ringen um die höchsten Werte. Wo ein Mensch einer Wahrheit auf den Grund kommt, wo ihm eine künstlerische Schöpfung gelingt, wo echte Gemeinschaft ihn beglückt, wo er sich aufringt zu Einsatz und Opfer, wo immer sein Wesen in Erscheinung tritt, da ist auch in der jeweils gegebenen Form das Ziel allen Daseins erfüllt: Die Einheit der Gegensätze.
Doch beim einzelnen Menschen bleibt der Strom der Schöpfung nicht stehen. Er reißt ihn über sich hinaus und stellt ihn ins Ganze der Gemeinschaft und letztlich der Menschheit. Jeder neue Schritt der Weltgeschichte ist ein Schöpfungsakt, und was anderes ist der Sinn der maßlosen Not, in die die Welt geschleudert worden ist, als der eindringliche Ruf des Schöpfungswillens an jeden einzelnen Menschen, an jedes Volk, an jede Gruppe von Menschen, sich nach der Richtung zu ändern, daß sich die widerstrebenden, gegensätzlichen Kräfte, die die Menschheit durchwühlen, zu fruchtbarer Polarität einen. Die Zeit ist reif zu harmonischer Zusammenarbeit der Völker, zu einer Überwindung der Klassengegensätze, zu einer sozialen Gestaltung des Kulturlebens in höchstem Sinne des Wortes, die die schöpferische Freiheit der einzelnen mit übergreifender, sinnvoller Ordnung des Ganzen vereinigt. Die „Concordantia catholica", die Eintracht der gesamten Menschenwelt, die Einheit der Gegensätze, angewandt auf die Menschheit, die auch dadurch gekennzeichnet ist, daß jeder dem anderen zugesteht, was ihm heilig ist, wenn er nur dem Aufbau dient, oder, um mit den Worten des Kusaners zu sprechen, Gott verehrt, bleibt auch heute das Ideal, dem unser Wirken gilt.
Solange die Welt besteht, kann man sagen, wird diese Idee über ihr stehen als die Form aller Erfüllung und Vollendung. Wenn wir so als Gegenwärtige unser Bild vom Dasein formen und von dieser unserer Stellung aus zurückgeblickt, gewertet und gesichtet haben, so wollen wir

dabei doch noch das eine von der Überlegenheit dieses Denkers lernen. Er hat als erster mittelalterlicher Mensch das geozentrische Weltbild überwunden, er wußte, daß die Erde ein Stern unter Sternen sei. Wir wollen diesen Gedanken auf unsere zeitliche Stellung anwenden. Wir treiben nicht anders als die mittelalterliche Welt an einem bestimmten Punkte im unendlichen Strom des Geschehens, und vor uns steht ein unabsehbarer Entwicklungsgang der Geschichte. Und wenn wir gleich wissen, daß unser Geschlecht einen neuen Schritt der Geschichte erlebt und eine neue Basis gewinnen will, von der das künftige Leben auf unserer Erde ausgehen wird – es wäre doch Täuschung zu glauben, wir ständen mit unserem Wissen an einem festen Punkt. Kommende Jahrhunderte werden auch an unserem Denken Vergängliches und Unvergängliches trennen. Und wir können nicht sagen, was an den Maßstäben, die wir an Vergangenes anlegen, zu unserem Vergänglichen oder zu unserem Unvergänglichen gehört. Darum wollen wir unsere Kritik nicht allzu endgültig nehmen und, nachdem wir uns ihrer bedient haben, um das Bild, das wir gewonnen haben, noch weiter zu klären, das alles nun doch wieder hinter uns lassen, um ihn nochmals unmittelbar in der Größe seines Geistes zu erfassen.

Es war ein einzigartiges Leben, zu dem Nikolaus Krebs, der Moseljunge aus Kues, emporwachsen durfte, groß in der bahnbrechenden Kraft, Universalität und systematischen Kunst seiner Gedanken und zugleich in der Vielseitigkeit seines Wirkens, das Denkarbeit und verantwortliche Führung miteinander verband. Was, wie wir sahen, seine Tragik begründet, bezeichnet doch auch zugleich die alles umspannende Weite seines Lebens, seinen Reichtum auch in dem Sinne, daß er wie selten einer alle Möglichkeiten der Erfahrung geschichtlichen Wirkens durchlaufen hat. Wir wollen ihn aus seiner Zeit nicht lösen, aber wir wissen, daß derselbe Strom des Geistes uns trägt, der einst sein Wirken aufrauschen ließ, nur daß es eine andere Landschaft war, durch die dieser damals hindurchfloß. Nikolaus hat in seiner Zeit aus seiner geistigen Substanz gemacht, was menschenmöglich war. Tun wir es so kühn wie er, wagen wir es, unserem Gewissen und unserem Tatgeist zu folgen, selbst auf die Gefahr hin, vor der Zukunft in dem oder jenem zu irren und zu scheitern. Wir sind nicht da, um den Ereignissen zuzuschauen, sondern um zu handeln. Und wenn wir gleich nicht alle Wirkungen unseres Handelns absehen können – die Angst vor dem Urteil der Zukunft bringt uns nicht ans Ziel, sondern allein die Tat, in der wir unser Bestes darstellen und uns über uns selbst erheben. Worauf es ankommt ist, daß jeder an der Stelle stehe, die ihm durch das Besondere seines Wesens zugeteilt ist.

Es ist ein unverkennbares Zeichen der Gesinnung, die sein Tun getragen hat, wenn er bestimmt hat, daß sein Herz in der Heimat, in der Kirche des Hospitals von Kues, begraben werde. Widmen wir seinem Herzen als dem Quell seiner Gedanken und Taten dort einen Augenblick der Andacht, und treten wir im Geiste dann nochmals in den Raum ein, in dem die Atmosphäre seines Wesens am unmittelbarsten zu uns spricht, in die Bibliothek:

Und nun umfängt sie mich, die geistgeweihte Stätte;
mit Andacht atm' ich ihren Zauber ein.
Als wenn der Schritt der Zeit sie übergangen hätte,
so raunt um mich ein längst vergangnes Sein.

Es wird lebendig in den handgeschriebnen Bänden,
in den Geräten alter Wissenschaft,
den Bögen, die sehnsüchtig wachsend aus den Wänden,
dies Denkmal krönen höchster Geisteskraft.

Vor dir, du Großer, muß ich mich in Ehrfurcht beugen,
zwei Reichen leuchtete dein Herrscherglanz.
Das Reich der Wahrheit und das Reich der Welt sind
                                                  Zeugen:
Was deine Zeit dir auftrug, tatst du ganz!

So will auch ich mein ganzes innres Wesen straffen:
Du warst – wir sind! Die Welt kommt nie zur Ruh.
Sie ruft uns auf, an einem neuen Bau zu schaffen –
und führt auch dich den neuen Zielen zu.

Anhang

Stunden der Entscheidung

„Wie du auch handelst in dir, es berühre den Himmel der Wille, durch die Achse der Welt gehe die Richtung der Tat!"
Unter dem Wort „Himmel" versteht der Dichter Friedrich Schiller (1759-1805) die Ideale, die Leitsterne unseres Handelns; die „Achse der Welt" drückt aus, dass unser Handeln, wenn es diese Richtung hat, einem kosmischen Gesetze gehorcht. -
Im Streben des Menschen nach dem höchsten geistigen Sinn kommen das Schöpferische, der Aufbauwille zu klarem Bewusstsein. Er allein weiß um die „Achse der Welt", und indem er sie zur Richtung seines Handelns macht, fühlt er sich von der Ewigkeit getragen. Indem er den Einsatz für sie wagt, erfüllt er den Auftrag seines Lebens, auch wenn er in seinem persönlichen Schicksal scheitern sollte.
Beispielhaft stehen uns die Bahnbrecher der Menschheitsgeschichte vor Augen, die für ihre Ideen gelebt und oft genug ihr Leben eingesetzt haben. Ihr Wirken beflügelt über Jahrhunderte und Jahrtausende den Geist der Völker.

Meister Eckhart

Der Lebensgang Meister Eckharts steht nicht in dem hellen geschichtlichen Lichte wie der des Nikolaus von Kues. Für den schon an der Schwelle der Neuzeit stehenden Denker besitzen wir reiche historische Quellen. Dies ist bei Meister Eckhart für weite Teile seines Lebens nicht der Fall. Wir können deshalb die Schicksalsstunden in seinem Lebenslauf nicht immer präzise bestimmen. Aber die ausgeprägte Eigenart seiner Persönlichkeit und die unmittelbare Weise, in der sie in seinem Wirken ihren

Niederschlag findet, lässt uns doch Klarheit bezüglich der Punkte gewinnen, an denen er über sein Lebensschicksal zu entscheiden hatte.

Eckhart ist um das Jahr 1260 in Hochheim bei Gotha in Thüringen geboren und muss schon in seiner Jugend dem Dominikanerorden beigetreten sein. Von seinem ersten Lebensabschnitt haben wir keine Kunde. Mit etwa 40 Jahren schreibt er eine Reihe von Betrachtungen in deutscher Sprache unter dem Titel „Reden der Unterweisung". Es sind Vorlesungen, die er vor Mönchen gehalten hat und an die sich wohl eine Aussprache anknüpfte. Schon diese Reden treten aus dem gewöhnlichen Rahmen heraus. Vor allem ist es von weittragender Bedeutung, dass er sich der deutschen und nicht der lateinischen Sprache bediente. Deutsch ist im Mittelalter die Sprache des „ungebildeten" Volkes. Das musste seine Hörer noch eigenwilliger anmuten, als wenn heute ein Gelehrter seine Vorlesungen im Dialekt seiner Heimat halten wollte. Aber ihn muss das Gefühl geleitet haben, dass er sich in der Muttersprache viel unmittelbarer und kraftvoller ausdrücken könnte. Und darauf kam es ihm an. Die gelehrte Philosophie seiner Zeit, die er beherrschte wie kaum ein zweiter, blieb ihm doch im Grunde etwas Kaltes und Verstandesmäßiges. Es fehlte das volle Leben, das pulsierende Herz, das seelische Element. Es bedurfte allerdings einer hohen sprachschöpferischen Kunst und eines feinen Instinktes für das Wesentliche, um aus den abstrakten Gedankengängen der lateinischen Kathederphilosophie das wirklich Kostbare lebendig zu machen. Es erwies sich, dass er das Zeug dazu besaß, das Wagnis zu unternehmen. Als er sich in entscheidender Stunde entschloss, sich der deutschen Sprache zu bedienen, wurde die deutsche Philosophie geboren. Die Wirkung seiner Wortprägungen ist bis zu ihren neuesten Vertretern sichtbar.

Meister Eckhart ist in diesen Vorträgen noch in der Entwicklung begriffen, aber als philosophierender Theologe höchst originär. Wenn wir etwa den Satz lesen: „Der Mensch soll sich nicht genügen lassen an einem *gedachten* Gott; denn wenn der Gedanke vergeht, so vergeht auch der Gott. Man soll vielmehr einen *wesenhaften* Gott haben", so spüren wir die Richtung, in die er weitergehen wird.

Als Eckhart diese Reden hielt, war er schon Prior des Klosters in Erfurt und hatte die Aufsicht über alle Dominikanerklöster in Thüringen. Er nahm also schon eine bedeutende Stellung in seinem Orden ein. Bald darauf bestätigte sich das besondere Vertrauen, das der Orden in seine Fähigkeiten setzte, dadurch, dass er in die Pariser Universität entsandt wurde, um seinen Orden zu vertreten. Dort erlangte er den damals sehr seltenen Magister-Titel, ein Wort, aus dem im Deutschen das Wort „Meister" entstanden ist. So wird er von nun an Meister Eckhart genannt. Drei Jahre später wird er mit der Aufsicht über alle norddeutschen Dominikanerklöster betraut. In dieser Zeit schreibt er sein philosophischstes deutschsprachiges Werk „Das Buch der göttlichen Tröstung", aus dem besonders deutlich hervorgeht, dass er mit sicherem Gefühl aus der mittelalterlichen Theologie die Elemente herausschält, die der Philosophie der alten Griechen entstammen; vor allem dem Gedankenkreis des großen Denkers Plato, dessen Denkarbeit in den Ideen des Wahren, Guten und Schönen, der Gerechtigkeit und der Liebe gipfelt. Er kehrt zur sokratisch-platonischen Einheit von Philosophie und Ethik zurück. Als für seine Lebensnähe bezeichnend sei der Satz angeführt: „Wer Gott allein in der Kreatur liebte, und die Kreatur allein in Gott, der fände wahren, rechten und gleichen Trost allerorten".

Nach nochmaliger Lehrtätigkeit in Paris verlegte er 1314 seine Wirksamkeit nach Straßburg. Und hier erst entwickelte sich seine Predigt zu ihrem vollen Glanz und zu der Kühnheit der Gedanken, die wir an ihm immer wieder bewundern. Er war schon 54 Jahre alt, als er zu diesem Höhepunkt seines Wirkens kam. Wie ist das zu erklären? In diesem Alter beginnt doch der Mensch meist ruhiger zu werden, zurückhaltender in seinem Vorgehen. Bei diesen Predigten aber stellen wir fest, dass er sich wie nie zuvor von seinem Temperament zu Sätzen fortreißen lässt, die weit über die Grenzen hinausgehen, die sonst dem mittelalterlichen Denken möglich schienen. Auch hier muss er in Stunden der Besinnung vor einer Entscheidung gestanden haben, in der er sich den Weg freimachte zu einer für seine Zeit unerhörten Gedankenfreiheit.

Sie ist nur dadurch zu erklären, dass Eckhart in Straßburg andersartige Verhältnisse antraf als bisher. In der Tat war Straßburg das Zentrum einer freigeistigen Bewegung, die von der Universität Paris ihren Ausgang genommen hatte. Es ist interessant festzustellen, dass in einer Zeit, als die Kirche sklavischen Gehorsam gegenüber ihren Dogmen forderte, sich ein allgemeiner Protest bemerkbar machte, der in manchen Kreisen zu offener Feindschaft wurde. Eine führende Persönlichkeit dieser Bestrebungen war Amalrich von Bena, der um das Jahr 1200 in Paris lehrte. Er hatte die These aufgestellt, Gott sei alles, also auch der Mensch Gott. Er verwarf die kirchliche Dreieinigkeitslehre und erklärte, dass Vater, Sohn und Heiliger Geist drei Stufen der Entwicklung der Religion seien.

Es ist nicht verwunderlich, dass Amalrich mit seinen Anschauungen bei den kirchlichen Behörden Ärgernis erregte. Papst Innozenz III. entschied im Jahre 1204 gegen ihn. Kurz vor seinem Tode hat Amalrich, wie berichtet wird, seine Ansichten widerrufen. Aber die von ihm begründete Bewegung fand trotz aller Verfolgung immer wieder neue Anhänger. Sie breitete sich im Laufe des 13. Jahrhunderts vor allem in den rheinischen Städten aus, wo die Anhänger sich „Brüder des freien Geistes" nannten. Die Sekte fand vor allem Eingang bei Männern und Frauen, die sich Begarden und Beginen nannten. Sie lebten zum großen Teil in klosterähnlichen Männer- und Frauenvereinigungen, die kein Gelübde forderten.

In dieser Zeit fanden sich aber auch viele Frauen, deren Männer Opfer der bewegten Zeit, vor allem der Kreuzzüge geworden waren, in Nonnenklöstern zusammen, die von Dominikanern betreut wurden. Auch sie wurden von dieser religiösen Freiheitsbewegung erfasst, die Gott und Christus im Menschen selbst suchte. In diesen Strom religiöser Ergriffenheit geriet Meister Eckhart in Straßburg hinein und muss sofort die Aufgabe erkannt haben, diesem zum Teil unklaren Kreis, dessen Mitglieder leicht einem halt- und disziplinlosen Leben anheimfallen konnten, eine echte religiöse Richtung und tieferen Inhalt zu geben. In der religiös-revolutionären Zeit, in der er lebte, in der Verstiegenheit und Unklarheit des Denkens fast unvermeidlich waren, gab er seiner Gemeinde Halt und innere Sicherheit. Mit Unrecht hat man ihm vorgeworfen, er belaste die ungelehrten Leute mit wissenschaftlichen Gedankengängen, die sie nicht verstünden. Demgegenüber hat er sich schon in dem Buch der „Göttlichen Tröstung", das er für die schwergeprüfte Königin Agnes von Ungarn schrieb, mit den Worten gerechtfertigt: „Soll man nicht ungelehrte Leute belehren, so wird niemals wer belehrt, und so kann niemand dann lehren oder schreiben." Ihm selbst aber war es gerade bei dieser Zuhörerschaft möglich, nachdem er sich einmal entschlossen hatte, sich ihrer anzunehmen, seinem Gedankenflug weiter nachzugeben als früher und unbekümmert um die landläufigen Auffassungen seine religiösen Erkenntnisse zu vertreten.

Hier in Straßburg, im Schatten des im Aufbau begriffenen Münsters, fand Eckhart die geistige Atmosphäre vor, in der sich sein Denken in seiner vollen Kühnheit entfalten konnte. Wie die Gotik als Ausdruck der hochstrebenden Seele in Frankreich entstand, aber im Straßburger Münster von einem deutschen Künstler in eigener Art durchgeführt wurde, so hat auch Meister Eckhart die aus Frankreich kommende Freiheitsbewegung aufgenommen und ihr eigene Tiefe und eigenes Gewicht gegeben. Seine Gedanken lebten durch die Jahrhunderte in der Deutschen Mystik weiter. Diese Bezeichnung kann allerdings zu Missverständnissen führen. Mystik hat oft den Sinn eines bloßen Schwelgens in Gottseligkeit, eines ekstatischen Aufgehens in Gott, das eine Loslösung von der Welt und den Aufgaben anstrebt, die sich dem Menschen stellen. Damit wäre das Wesen der von Eckhart begründeten Mystik nicht getroffen. Die Vereinigung mit Gott ist letztlich nichts anderes als Sammlung und Besinnung auf unser reinstes Wesen. Wir lesen: „Man muss lernen, mitten im Wirken (innerlich) ungebunden zu sein" (Reden der Unterweisung). Wer sich ganz dieser Aufgabe hingibt, der wird alles Kleine und Äußerliche, „das Dies und Das", d.h. jeden personalen Egoismus abtun. „Dies kann der Mensch nicht durch Fliehen lernen, indem er vor den Dingen flüchtet und sich von der Außenwelt weg in die Einsamkeit kehrt; er muss vielmehr eine innere Einsamkeit lernen, wo und bei wem er auch sei. Er muss lernen, die Dinge zu durchbrechen und seinen Gott darin zu ergreifen und d e n kraftvoll in einer wesenhaften Weise ihn sich einbilden zu können." Der religiöse Mensch muss in die „Abgeschiedenheit" seines Innern, in eine Armut im Sinne der Abwendung vom Äußerlichen eintreten, wo er kein anderes Interesse hat, als den göttlichen Funken in seiner Seele zu erwecken; „das Fünklein der Seele begreift das göttliche Licht".

Wie wenig ihm an Worten gelegen ist und wie sehr er sich mit der Natur verbunden fühlt, zeigt der Satz: „Wer weiter nichts als die Kreaturen erkennen würde, der brauchte an keine Predigt zu denken, denn jegliche Kreatur ist Gottes voll und ist ein Buch."

Er betont mit scharfen Worten, dass wir den Gottesgedanken nicht mit unseren egoistischen Wünschen verquicken dürfen: „Es gibt manche Leute, die, wenn es ihnen innerlich und äußerlich gut geht, Gott loben und ihm wohl vertrauen, wie denn etliche sagen: Ich habe zehn Malter Korn und ebensoviel Wein in diesem Jahre; ich vertraue auf Gott! – Ganz recht, sage ich, du hast volles Vertrauen – zu dem Korn und zu dem Wein!"
Wer Gott als Knecht seiner Wünsche und als zu melkende Kuh betrachtet, der ist auf falschem Wege. Auch unser Handeln darf nicht im Hinblick auf irgendeinen Lohn vollzogen werden: „Ich sage fürwahr, solange du deine Werke wirkst um des Himmelreiches oder um Gottes oder um deiner ewigen Seligkeit willen, also von außen her, so ist es wirklich nicht recht um dich bestellt. Man mag dich zwar wohl hinnehmen, aber das Beste ist es doch nicht: denn wahrlich, wenn einer wähnt, in Innerlichkeit, Andacht, süßer Verzücktheit und in besonderer Begnadung, von Gott mehr zu bekommen als beim Herdfeuer oder im Stalle, so tust du nichts anderes, als ob du Gott nähmest und schöbest ihn unter eine Bank."

Eckhart sichert *jedem* Menschen die Möglichkeit zu, das Heil zu erwerben. Ein wesenhafter Mensch trägt Gott in so selbstverständlicher Weise in sich, dass Eckhart sagen kann: „Gott muss wirken in der Seele." Er bedarf also keiner göttlichen Gnade. Ja, Gott ist in dieser Hinsicht auf den Menschen angewiesen, er muss immer wieder in der menschlichen Seele geboren werden. In diesem Sinne sagt er von der Geburt Christi: „Wenn sie in mir nicht geschieht, was hilft mir das? Sondern, dass sie in mir geschieht, darauf kommt alles an." Christus ist ihm nichts anderes als das Ideal, das der Seele als Aufgabe vorschwebt. So lebt der strebende Mensch unablässig in Gott. Er ist nie allein; Gott strebt und kämpft und leidet mit ihm. Eckharts metaphysische Vermittlung nimmt somit einen Gedanken vorweg, der bei Nikolaus v. Kues als Prinzip der coincidentia oppositorum in den Mittelpunkt der Reflexion treten sollte. Mit diesem inneren Besitz steht der Mensch souverän über allen menschlichen Geboten und Satzungen. Auch kirchliche Gelübde sind für ihn nicht mehr maßgebend: „Wenn der Mensch sich wohlgeordnet findet zu echter Innerlichkeit, so lasse er kühnlich ab von allem äußeren Wirken, und sollten es solche Werke sein, zu denen du dich mit Gelübden verbunden hättest, von denen dich selbst kein Papst und kein Bischof entbinden könnte."

Im Streben der Vernunft nach Vollkommenheit im Sinne der Weisheit, der Gerechtigkeit, des Guten ist Gott in jeder Kreatur. Das Wort „Gott" wird ihm schließlich unwesentlich gegenüber diesem inneren Geschehen. So hören wir: „Was ist Wahrheit? Die Wahrheit ist so edel, wär's, dass Gott sich von der Wahrheit abkehren könnte, ich wollte mich an die Wahrheit heften und wollte Gott lassen; denn Gott ist die Wahrheit." Die Gottheit ist selbst der schöpferische Grund. In diesem Sinne wagt Eckhart den kühnen Satz: „Wäre ich nicht, so wäre Gott nicht 'Gott'." Doch fügt er im Gefühl, über das Begreifliche hinausgegangen zu sein, hinzu: „Dies zu wissen ist nicht not." Und an anderer Stelle begegnen uns die kämpferischen Worte: „Trutz Gott, trutz den Engeln und allen Kreaturen; sie können die Seele nicht trennen von dem Ort, darin sie eins mit Gott ist."

Aus dieser Einheit mit dem ewig Schöpferischen in uns muss unser Handeln erwachsen. Jeder hat sein eigenes Wesen erhalten, und aus ihm muss er handeln. Und im

Handeln muss alle Religion münden. Darum stellt sich Eckhart in Widerspruch zur Auffassung Jesu in der Erzählung vom Besuch bei Maria und Martha (Lukas 10, 38). Er zieht Maria, die Jesus zuhört, keineswegs der Martha vor, die ihre Aufgabe als Gastgeberin erfüllt und die Arbeit macht. Beides gehört zum echten Leben, es erfüllt sich erst im Rhythmus von Versenkung und Tat.

Alle diese Gedankengänge hängen mit seinen theologischen Anschauungen zusammen, denen im einzelnen nachzugehen hier zu weit führen würde. Es sei nur noch erwähnt, dass er den Gedanken der Dreieinigkeit in dem Sinne begreift, dass sich in ihr das schöpferische Wirken darstellt, während er den unerforschlichen Urgrund alles Seins, das Ewig-Eine, gewöhnlich Gottheit nennt. Er glaubte nicht an eine einmalige Schöpfung der Welt, wie es nach der Schöpfungsgeschichte der Bibel christlicher Glaube war, sondern für ihn gehörte die unaufhörliche Schöpfung zum Bestand der Welt, die er, wie das Göttliche selbst, als ewig betrachtete.

Es ist ein Zeichen für das überragende Ansehen, das er genoss, dass er sich in seiner beherrschenden Stellung lange Zeit halten konnte, obwohl viele seiner Anhänger verfolgt wurden und dem Inquisitionsgericht zum Opfer fielen. Er stieg sogar noch als Sechzigjähriger zum höchsten wissenschaftlichen Rang seines Ordens auf, indem er auf dessen ersten Lehrstuhl in Köln berufen wurde. Hier allerdings erfüllte sich sein Schicksal. Der Erzbischof von Köln, Heinrich von Virneburg, der dem mit den Dominikanern in Konkurrenz stehenden Franziskanerorden angehörte, eröffnete im Jahre 1326 ein Inquisitionsverfahren gegen ihn wegen Verbreitung glaubensgefährdender Predigten im Volke.

Hier stand Eckhart wiederum vor einer Entscheidung. Sollte er, wie viele vor ihm, sich der Gewalt beugen und widerrufen oder sollte er zu seinen Predigten stehen? Er brauchte wohl nicht lange zu überlegen; er ging seinen

Weg zu Ende, zu dem er sich berufen wusste. In einer Gegenschrift gegen die Anklage, die er öffentlich verlesen ließ und selbst in deutscher Sprache erläuterte, heißt es, er habe sich immer nur um den wahren Glauben bemüht und nach dem rechten Leben getrachtet. Seitens seiner Ankläger sei Missverstand wider ihn vorgebracht worden. Die Erklärung schließt mit den Worten: „Ohne damit einen einzigen meiner Sätze preiszugeben, verbessere und widerrufe ich alle die, von denen man im Stande sein wird nachzuweisen, dass sie auf fehlerhaftem Vernunftgebrauche beruhen." Im Gegensatz zu der Wormser Erklärung Martin Luthers (fast 200 Jahre später) berief er sich nicht auf die Bibel, sondern allein auf die Vernunft. Schließlich entschloss er sich, seine Verteidigung dem Papste selbst vorzutragen und reiste zu diesem Zweck nach Avignon, wo der Papst seit einiger Zeit residierte. Hier verliert sich seine Spur. Der größte Geist seiner Zeit starb als ein Verschollener. Im Jahre 1329 erlässt der Papst eine Bulle gegen die Lehren des inzwischen verstorbenen Meisters.

Sein Leben hat ihn auf höchste Höhen geführt, der Zauber seiner Persönlichkeit, seine reine Gesinnung, seine lichte Menschlichkeit, sein überlegener Geist, die hinreißende Gewalt seiner Rede haben ihm das Glück geistiger Führerschaft in seltenem Maße geschenkt. Aber so charaktervoll, wie er in der Sonne seines Ruhmes stand, nahm er als alternder Mann, treu seiner Berufung, sein tragisches Geschick auf sich. Die entscheidenden Stunden seines Lebens hatten ihn entsprechend seiner ethisch bestimmten Philosophie und seiner Predigt immer ins Wesentliche geführt. Wie auch der Tod an ihn herangetreten sein mag – wir können sicher sein, dass sich das Wort des alten Faust in einem tiefen Sinne an ihm erfüllt hat:

„Die Nacht scheint tiefer tief hereinzudringen,
Allein im Innern leuchtet helles Licht."

Ohne es beweisen zu können, werden wir nicht fehl gehen anzunehmen, dass seine Sterbestunde den schicksalhaften Entscheidungen seines Lebens die letzte Bewährung geschenkt hat.

Die große Stunde des Kopernikus

Wenn man sich fragt, wie es möglich war, dass neue bahnbrechende Auffassungen oder Vorstellungen, die heute jedem Kind selbstverständlich sind, es so schwer hatten, sich durchzusetzen, dass sie sogar in Kreisen der wissenschaftlich Denkenden und geistig Führenden erbitterte Gegnerschaft fanden, können wir dies nicht einfach auf egoistische Motive zurückführen. Manche fühlten sich durch Änderung der bisherigen Anschauungen in ihrer Existenz bedroht. Solche Gesichtspunkte wirken zweifellos mit. Aber entscheidend ist doch die Tatsache, dass es den meisten Menschen sehr schwer fällt, sich von einem Gesamtbild der Verhältnisse, das ihnen vertraut ist und das ihr Leben sinngebend umschließt, zu lösen.
Auch Kopernikus selbst konnte sich nur nach langem Ringen endgültig in seine alles bisherige astronomische Denken revolutionierende Lehre hineinfinden, dass die Erde nicht feststehe und Mittelpunkt der Welt sei, sondern dass sie mit den andern Planeten um die Sonne kreise und sich täglich um ihre eigene Achse drehe.
Nikolaus Kopernikus (1473-1543) ist in Thorn (Ostpolen) geboren und hat dort in wohlhabenden Verhältnissen seine Jugend verlebt. Die Möglichkeit eines langen Studiums, das ihm eine universale Bildung vermittelte, und die spätere sorglose Lebensgrundlage verdankte er

Nikolaus Kopernikus

seinem Onkel, dem Bruder seiner Mutter, der Bischof von Ermeland war. Kopernikus besuchte die Universitäten von Krakau und Padua und erwarb sich schließlich Doktortitel in Recht und Medizin.

Es war eine geistig revolutionäre Zeit, in der er lebte. Für die wissenschaftlich Denkenden war das Christentum nicht mehr der Inbegriff aller Werte. Der Humanismus, der zu Beginn des Jahrhunderts einsetzte, hatte die hohe Bedeutung der griechischen Kultur wieder entdeckt und die Renaissance suchte von hier aus das geistige Leben neu zu gestalten. In das zweite Jahr seines Studiums in Krakau fiel die Entdeckertat des Kolumbus; in der Reife seines Lebens erschütterte Luthers Reformation die deutsche Welt. Siebzehn Jahre, davon die letzten zehn Jahre in Italien, konnte er sich in die Wissenschaften seiner Zeit vertiefen. Sein besonderes Bemühen galt der Astronomie. 1514 war sein Ruhm auf diesem Gebiet so gewachsen, dass er zur Teilnahme am Lateranischen Konzil eingeladen wurde, einer Kongregation von führenden Kirchenmännern, bei der unter anderem über eine Kalenderreform nachgedacht wurde.

Die Astronomen seiner Zeit gingen einhellig auf den griechischen Denker Aristoteles zurück, der ein in seiner Weise großartiges Weltbild geschaffen hatte, das der religiösen Weltanschauung des Mittelalters einen festen Rahmen schenkte, an dem zu rütteln als frevelhafter Angriff auf Kirche und Christentum erscheinen musste. So empfand auch Luther, der Kopernikus einen Narren nannte. Habe doch Josua die Sonne stillstehen heißen und nicht das Erdreich.

Nach der im Mittelalter anerkannten Auffassung war die Welt durch den Fixsternhimmel abgeschlossen, der sich in gewaltigem Schwung täglich um die als Kugel gedachte, unbeweglich im Raume schwebende Erde drehte. Zwischen Himmel und Erde dachte man sich die sieben Planeten, die jeweils an einer Kristallkugel befestigt waren, die etwas abweichend von der Fixsternkugel um die Erde kreiste. Allerdings hatte schon im dritten Jahrhundert vor unserer Zeitrechnung ein griechischer Astronom namens Aristarch die Ansicht ausgesprochen, dass entgegen dem Augenschein die Erde in Wirklichkeit um die Sonne kreise. Aber die wissenschaftliche Welt war über diese offenbar wahnwitzige These zur Tagesordnung übergegangen. Das lag nun schon über 1700 Jahre zurück, und niemand hatte je daran gedacht, darauf zurückzugreifen.

Der Astronom und Mathematiker Ptolemäus, der im zweiten Jahrhundert n.u.Z. in Alexandria lebte, hatte mit allen ihm zugänglichen wissenschaftlichen Mitteln das Weltbild des Aristoteles zu begründen gesucht. Trotzdem blieben viele Rätsel ungelöst. Insbesondere konnten die Abweichungen der Planeten von der Kreisbahn nie befriedigend erklärt werden. Aber keiner hatte die nächstliegende Deutung gewagt. Immer wieder wollte sie sich dem jungen Gelehrten aufdrängen, immer wieder zweifelte Kopernikus und zögerte, dem Unglaublichen Eingang in seine Gedankenwelt zu geben: War vielleicht doch die tägliche gewaltige Umdrehung der Himmelskugel nur eine Täuschung, während in Wahrheit die Erde sich täglich um ihre Achse drehte? Bezeichnete der Polarstern vielleicht doch nicht die Achse des Kosmos, sondern die Verlängerung der Erdachse? War die unregelmäßige Bahn der Planeten vielleicht nur die Folge dessen, dass die Erde selbst die Sonne umkreiste und dadurch die Perspektive, unter der wir die Planeten sehen, sich stetig änderte? Die Messungen, die er in vielen Nächten vornahm, überzeugten ihn, dass mit dieser Auffassung die Bahnen der Planeten viel besser erklärt werden könnten.

Und einmal packte es ihn mit Übergewalt: In einer durchwachten Nacht entwarf er, 37 Jahre alt, in einem Zuge die erste Niederschrift der ihn bedrängenden Gedanken. Nachdem der Bann gebrochen war, arbeitete er weiter an der Korrektur, an der Präzisierung und

Begründung dieses Entwurfs. Auf seinem Sterbebette legten ihm seine Freunde das Resultat seiner Lebensarbeit, das erste Druckexemplar seines Buches „De revolutionibus orbium coelestium" (Über die Umläufe der Himmelskörper) in die Hände.

Er hatte sein Buch dem Papst gewidmet, der die Widmung auch annahm. Erst später erkannte die Kirche den revolutionären Charakter der neuen Erkenntnis, die den Anbruch einer neuen Zeit bezeichnete. Noch im Jahre 1600 wurde Giordano Bruno, der die Lehre des Kopernikus enthusiastisch verkündete und zur Grundlage seiner religiösen Weltanschauung machte, lebendig verbrannt. 1616 wurde die Lehre durch den Spruch des „Heiligen Officiums" verdammt, 1633 musste Galilei sie abschwören. Erst 1835 verschwand das Buch des Kopernikus wieder vom Index der von der Kirche verbotenen Bücher. Über 200 Jahre mussten vergehen, bis seine bahnbrechende Konzeption die schwerfällige Welt endgültig bezwungen hatte.

Datenübersicht

Um 1260 Geburt Meister Eckharts
1401 Nikolaus Krebs von Kues geboren in Kues an der Mosel. Gregor Heimburg in Schweinfurt geboren.
1414–1418 Konstanzer Konzil. Papst Martin V. J. Hus wird verbrannt.
1416 Immatrikulation des Kusaners an der Universität Heidelberg.
1423 Promotion zum Doktor des Kanonischen Rechts in Padua.
1425 Studium der Theologie und Philosophie in Köln.
1430 Gregor Heimburg Vikar des Erzbischofs von Mainz.
1431–1449 Konzil zu Basel, Eröffnung durch Papst Eugen IV.
1432 Arbeit an „De concordantia catholica" begonnen. N. v. Kues weist die sogenannte Konstantinische Schenkung als Fälschung nach.
Anwalt für die Sache Ulrich von Manderscheids auf dem Konzil zu Basel.
1433 N. v. Kues legt sein erstes großes Werk, „De concordantia catholica", dem Basler Konzil vor.
1434 Das Konzil entscheidet gegen U. v. Manderscheid (im Streit um den Erzbischofsitz von Trier).
1435–1461 Gregor Heimburg im Dienst der Stadt Nürnberg.
1436 Vertrag von Iglau, Kaiser Sigismund wird auch von den Hussiten als böhmischer König anerkannt.
1437 Im Mai verläßt N. v. Kues die Stadt Basel. Fahrt mit dem Schiff nach Konstantinopel.
1438 Am 8. Februar Landung der Delegation in Venedig. Am 9. April Eröffnung des Unionskonzils in Ferrara. N. v. Kues stellt sich auf die Seite von Papst Eugen IV. im Kampf für die Einheit der Kirche.
1440 „De docta ignorantia" in Kues vollendet, ebenso „De coniecturis" (Über die Mutmaßungen).
1447 Tod des Papstes Eugen IV.
N. v. Kues stiftet das Hospital (mit Kapelle und Bibliothek) in Kues.
1448 N. v. Kues wird Kardinal. Wiener Konkordat, am 17. Februar in Wien zwischen Kaiser Friedrich III. und Papst Ni-kolaus V. geschlossener Vertrag. Gregor Heimburg und Nikolaus von Kues auf dem Reichstag zu Frankfurt am Main (eröffnet am 14. September).
1450 Am 23. März Ernennung zum Bischof von Brixen. Vier Bücher des Laien („Idiotae libri quatuor").
1451–1452 Legationsreise durch Deutschland. Erneuerung des Ordenlebens.

1453	Eroberung Konstantinopels durch die Türken. Die theologische Schrift „De visione dei" (Von Gottes Sehen) entsteht.
1454	„De pace fidei" (Über den Glaubensfrieden)
1457–1460	Konflikt in Tirol mit Herzog Sigismund.
1458	Cusanus zieht sich auf Schloß Andraz in Buchenstein zurück. Er vollendet die Schrift „De beryllo" (Über den Beryll) für die Mönche vom Tegernsee.
1459	Beendigung der Auflehnung der Nonnen des Klosters Sonnenburg unter der Äbtissin Verena von Stuben. N. v. Kues wird Generalvikar von Rom unter Papst Pius II.
1460	Belagerung der Stadt Bruneck, in der N. v. Kues eine Synode einberufen hatte, durch Sigismund v. Tirol. Als Vertreter Sigismunds v. Tirol in seinem Streit mit N. v. Kues wird Heimburg gebannt.
1461	„Cribratio Alkoran" (Die Sichtung des Korans), geschrieben auf Aufforderung Pius II.
1463	Weitere Werke: „De ludo globi" (Über das Globusspiel), „De venatione sapientae" (Über die Jagd nach der Weisheit).
1464	N. v. Kues stirbt am 11. August in Todi, Umbrien. Tod des Papstes Pius II. (des Jugendfreundes Andrea Silvio Piccolomini).
1466–1471	Gregor Heimburg im Dienst des Königs Podiëbrad von Böhmen.
1472	Gregor Heimburg stirbt in Wehlen bei Dresden.
1473	Geburt von Nikolaus Kopernikus

Verzeichnis der Abbildungen

St.-Nikolaus-Hospital von Kues,
Tuschezeichnung, Johanna Pick 1992   Seite 13

Nikolaus von Kues,
nach dem Grabmal von Andrea Bregno 1465   Seite 15

Die Einsäule in der Bibliothek
des St.-Nikolaus-Hospitals   * Seite 57

Buchseite aus „De docta ignorantia"   * Seite 63

Die Bibliothek des Hospitals   * Seite 132

Nikolaus Kopernikus   Seite 149

*) entnommen aus: Helmut Gestrich, „Nikolaus von Kues, Leben und Werk im Bild; der große Denker an der Schwelle des Mittelalters", Hermann Schmidt Verlag, Mainz 1990.

Aus der Literatur

Eine kritische Ausgabe der sämtlichen Werke des Nikolaus von Kues ist im Verlag Felix Meiner erschienen (1932). Herausgeber: Ernst Hoffmann und Raymund Klibansky.

Übersetzungen der Hauptwerke mit Einleitungen und Anmerkungen im selben Verlag. Herausgeber: Ernst Hoffmann.

„De docta ignorantia", Übersetzung von Alexander Schmid, Hellerauer-Verlag, 1919.

F.A. Scharpff, „Nikolaus von Kusa, wichtigste Schriften", Freiburg 1862.

Die in vieler Hinsicht maßgebende Biographie ist die in französischer Sprache geschriebene des kath. Theologen Edmond Vansteenberghe: „Le cardinal Nicolas de Kues", Paris 1920 (Nachdruck 1963).

Texte von Abhandlungen und Predigten des Kusaners sowie Aufsätze über ihn finden sich in den Sitzungsberichten der Heidelberger Akademie der Wissenschaften (seit 1932).

Eine Darstellung des Denkers gibt Ernst Hoffmann in dem Sammelwerk „Die großen Deutschen", Band I, Propyläen-Verlag.

Eine Zusammenfassung seiner Philosophie gibt Jakob Hommes: „Nikolaus Kusanus", München 1926.

Eine Darlegung seiner geschichtlichen Stellung als eines mathematischen Mystikers findet sich in: Dietrich Mahnke, „Unendliche Sphäre und Allmittelpunkt", Halle 1937.

Helmut Gestrich, „Nikolaus von Kues, Leben und Werk im Bild; der große Denker an der Schwelle des Mittelalters", Mainz 1990.

Zwei Romane haben sein Leben zum Gegenstand:
Bogislav von Selchow, „Der unendliche Kreis" und
Hans Künkel, „Schicksal und Liebe des Niklas von Cues".

Aus den Besprechungen:

„... Man merkt durchaus, daß der Autor Maßstäbe gewonnen hat, um vor allem die Grundzüge der philosophisch-theologischen Argumentationsweisen des Moselaners herauszuarbeiten..., in sprachlich und stilistisch eingehender Diktion."

(MAINZ, Vierteljahreshefte für
Kultur, Politik und Geschichte)

„In sehr eingängiger Sprache komplizierte Zusammenhänge verständlich gemacht..."
(Südkurier Konstanz)

„... Das Buch von Georg PICK ist faszinierend und weist über Konfessionsgrenzen hinaus."
(Morgenröte, Offenbach)